Remembering Selena

Recordando a Selena

ALSO BY HIMILCE NOVAS

The Hispanic 100:
A Ranking of the Latino Men and
Women Who Have Most Influenced
American Thought and Culture

Everything You Need to Know About
Latino History

Remembering Selena

A TRIBUTE IN PICTURES AND WORDS

UN TRIBUTO EN PALABRAS Y FOTOS

Recordando a Selena

HIMILCE NOVAS
&
ROSEMARY SILVA

ST. MARTIN'S GRIFFIN ❧ NEW YORK

CONTENTS

CONTENIDO

Remembering Selena

Recordando a Selena

The Day the Sun Went Dark

El día en que se apagó el sol

beautiful young woman dressed in a dark-green velvet sweatshirt drenched with blood ran along the side of the hotel pool, her long black hair electrified by fear and a storm brewing like a dark cloud of foreboding over the port city of Corpus Christi, Texas. Behind her scurried a short, stocky woman in her midthirties, clad in what appeared to be a two-piece hospital scrub suit. The woman in the scrub suit had a crazed look on her face and waved a .38 caliber pistol in the air. Suddenly she halted, took aim and fired, missing her fleeing target. The young woman, bleeding profusely from a bullet wound in her back,

Una joven, hermosa mujer, vestida con una camisa deportiva de terciopelo verde oscuro empapada de sangre, corría a lo largo de la alberca del hotel; sus largos cabellos parecían electrificados por el terror mientras nubes de tormenta se cernían como un oscuro augurio sobre la ciudad puerto de Corpus Christi, Texas. Detrás de ella corría una mujer fornida y de baja estatura que aparentaba tener unos treinta años y que tenía puesto lo que parecía ser uno de esos trajes que usa el personal que trabaja en hospitales. El rostro de la mujer reflejaba un estado de locura. Sacudía en el aire una pistola calibre 38. La joven,

ran with all her might, then crawled, until she made it into the arms of nineteen-year-old bystander Carlos Morales, who just happened to be waiting for a ride outside the hotel. Morales helped her into the lobby of the Days Inn. In a state of complete shock, the bleeding woman blurted out "They shot me. She's in room 158. Lock the door. They're going to come in and shoot me again!"

sangrando profusamente de una herida de bala en la espalda, corrió con todas sus fuerzas hasta que, ya desfalleciente, se arrastró hacia los brazos de Carlos Morales, quién se encontraba fuera del hotel esperando que lo recogieran. Morales inmediatamente ayudó a la víctima a ingresar a la recepción del hotel Days Inn. En completo estado de shock la mujer alcanzó a decir, "¡Me pegaron

In the horrifying minutes that followed the shooting, no one at the Days Inn on Navigation Boulevard in Corpus Christi knew the identity of the young woman who had been mortally wounded.

En los horribles minutos que acompañaron los disparos, nadie en el Days Inn en Navigation Boulevard en Corpus Christi sabía la identidad de la joven que había sido herida mortalmente.

SUNG PARK/SYGMA

before collapsing near the registration desk, in full view of Ruben DeLeon, sales and catering manager of the Days Inn. He raced to call 911. The woman clenched a gold ring in the shape of a Fabergé egg in her tight fist. A supposed token of friendship from the evil assailant, she had removed it from her finger a few days before.

It was March 31, 1995, just before high noon. The young victim—at that terrifying moment unbeknownst to the stranger who led her into the lobby or to the Days Inn manager—was Selena Quintanilla Pérez. Or simply Selena, as she was known to her millions of fans. Selena, the twenty-three-year-old queen of Tejano music, the Mexican American Madonna, the brightest Latina star ever to rise in the wide Texas sky. The renowned performer who the year before had captured a Grammy Award for Best Mexican American Performance for her album *Selena Live,* whose 1994 album *Forbidden Love* had passed the million mark in sales, and who was poised to skyrocket to superstardom in mainstream America. Selena. Selena, the generous young singer with the bright smile, sparkling eyes and contagious laugh. Selena. The loving and devoted wife of twenty-five-year-old guitarist Chris Pérez. The dutiful and beloved

un tiro. Ella está en la habitación 158. Cierren la puerta, va a venir aquí!" Dichas estas palabras, la joven se desplomó cerca del escritorio del hotel, ante los ojos de Rubén de León, administrador y encargado de ventas del hotel, quién corrió a llamar al número de emergencia 911. La mujer apretaba en una de sus manos un anillo de oro que tenía la forma de uno de los famosos huevos Fabergé. El anillo, supuestamente un símbolo de amistad, le había sido regalado nada menos que por la asesina perversa y la joven lo había llevado en sus dedos.

Estos hechos ocurrían poco antes del mediodía del 31 de marzo de 1995. Los dos hombres que ayudaron a la chica no sabían en ese momento que su nombre era Selena Quintanilla Pérez, o simplemente Selena, como la llamaban sus millones de admiradores. Selena, que solamente contaba con veintitres años de edad y era la reina de la música tejana, la Madonna mexicanoamericana, la estrella más brillante del vasto cielo de Texas. La renombrada artista que el año anterior había recibido el premio Grammy a la mejor cantante mexicanoamericana por su grabación titulada *Selena Live,* cuyo álbum *Amor Prohibido,* aparecido en 1994, había sobrepasado el límite del millón de ventas, y estaba a punto de

Who could have guessed that Selena, the queen of Tejano music, the one adored by millions across America, would be robbed of life just as her career was blossoming?

¡Quién hubiera podido adivinar que Selena, la reina de la música tejana, la que millones adoraban por toda América, iba a ser robada de su vida cuando su carrera apenas florecía!

CELENE RENO/SYGMA

At the time of her murder, Selena was on the brink of crossing over to the mainstream music realm. Had she lived, the singer would have revolutionized American popular music.

Al momento de su muerte, Selena estaba por comenzar a grabar en inglés para el público en general. Si hubiese vivido, la cantante hubiera revolucionado la música popular norteamericana.

Selena had everything—talent, beauty, brains and enormous sex appeal.

Selena lo tenía todo—talento, belleza, inteligencia y enorme sensualidad.

daughter of Abraham Quintanilla II and Marcela Quintanilla. The sister of A.B. and Suzette. A friend to all those who had the privilege of knowing her—no matter how briefly—and to the millions of Latino young people who idolized her not only as a consummate, magnetic singer and brilliant musical composer but also as a shining star who showed them how marvelous life could be if they followed her example; if they persevered as she had; if they gave their all as she had; if they kept to the path of love and social justice she had preached and embraced with her entire being.

Selena's assailant was Yolanda Saldívar. Saldívar had been a trusted friend, the founder and president of Selena's fan club and the manager of the singer's two boutiques and beauty salons, Selena Etc. Inc., in San Antonio and Corpus Christi. On this dark day of March 31, 1995, Saldívar ceased to be a friend and metamorphosed into a hateful lunatic who shot Selena in the back in cold blood with a .38 caliber pistol she had purchased only a few days earlier. According to Selena's family, the crime was premeditated, a planned resolve to destroy the brightest star, the most gentle of souls.

Part of this horrifying act that Saldívar carried out at the Days Inn at 909

convertirse en una de las estrellas máximas de los Estados Unidos—Selena. Selena, la joven y generosa cantante de sonrisa luminosa, ojos brillantes y risa contagiosa. Selena, la amante y fiel esposa del guitarrista de veinticinco años Chris Pérez. La respetuosa y amada hija de Abraham Quintanilla II y de Marcela Quintanilla. La hermana de A.B. y Suzette. La amiga de todos aquellos que tenían la suerte de conocerla aunque sólo fuera fugazmente, y de millones de jóvenes latinos de ambos de sexos que veían en ella no solamente a una cantante consumada de personalidad magnética y a una brillante compositora musical, sino también a una estrella luminosa que les hacía ver lo maravillosa que podía ser la vida para quienes siguieran su ejemplo; para quienes perseveraran como ella lo había hecho; para quienes, como ella, dieran todo de sí mismos; para quienes siguieran el camino del amor y la justicia social que ella había predicado y abrazado con la totalidad de su ser.

La atacante de Selena, se llamaba Yolanda Saldívar. Saldívar había sido una amiga de confianza, la fundadora y presidenta del club de admiradores de Selena y la administradora de las dos tiendas de ropa y salones de belleza, Selena Etc., que eran propiedad de la can-

Navigation Boulevard, just off interstate highway 37 near the Corpus Christi airport, was witnessed by thirty-year-old Rosario Garza, a housekeeper at the hotel. She had arrived at work at 9 A.M. on the morning of the shooting. By 11:40 A.M., Garza had cleaned room 215 and was ready to vacuum. Through the open drapes she had a view of the hotel pool, which glistened peacefully in the morning breeze.

The morning quiet, however, was

tante, y que estaban situados en San Antonio y en Corpus Christi. Este día, este oscuro 31 de marzo de 1995, Saldívar dejó de ser la amiga y se transformó en una lunática llena de odio que con una pistola calibre 38 comprada solamente unos días antes, disparó a sangre fría y por la espalda a Selena. Según la familia de la cantante, el crimen fue premeditado, un plan llevado a cabo con la intención de destruír a la más brillante de las estrellas, a la más buena de las almas.

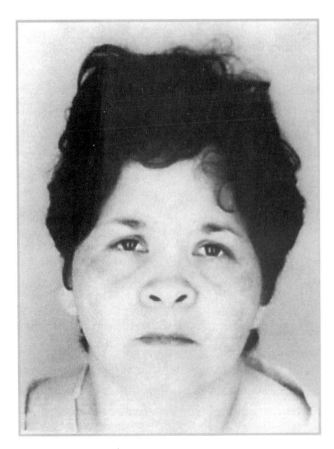

Yolanda Saldívar, who confessed her guilt in the brutal slaying of Selena, is being held on $500,000 bond. She is scheduled to stand trial on first-degree murder charges starting in October 1995.

Yolanda Saldívar, quien confesó haber asesinado a Selena brutalmente, está en la cárcel, bajo $500,000 de fianza. Su juicio por asesinato comienza en octubre de 1995.

AP/WIDE WORLD PHOTOS

abruptly disturbed when from across the pool came angry shouts—then the unmistakable, unforgettable hollow pop of a pistol fired at close range. Garza looked in the direction the gunshot had come from and saw two women running alongside the pool. "I leaned on the window and looked out, and I saw the woman with the gun take aim," she later told a reporter. A shaken Garza immediately notified the front desk and was instructed to remain inside the room and to lock and bolt the door. Fearing for her life, Garza peered through the drapes to determine the whereabouts of the assailant and watched as Yolanda Saldívar nervously stepped back and forth across the threshold of her hotel room, room 158. She had spent the night there, in the infamous room that to this day remains vacant as a tragic reminder of what happened in the quiet, friendly coastal town in Texas lulled by breezes from the Gulf of Mexico, the sweet sound of Tejano accents and the scent of tortillas and frijoles.

A few moments later, Saldívar emerged from her room with what looked to the housekeeper like a cloth wrapped around her hand, which still held the gun. "Like she was hiding the gun," Garza said. Saldívar made her way

Parte de este acto horripilante que Saldívar llevó a cabo en el hotel Days Inn ubicado en el número 909 del Navigation Boulevard, próximo a una salida de la carretera interestatal 37, en las cercanías del aeropuerto de Corpus Christi, fue presenciado por Rosario Garza, de treinte años de edad y empleada de limpieza del hotel, que había llegado a su trabajo a las nueve de la mañana del día del crimen. A las 11:40, Garza ya había limpiado la habitación 215 y estaba por empezar a usar la aspiradora. A través de las cortinas abiertas alcanzaba a ver la alberca que brillaba pacíficamente en el suave viento de la mañana.

La tranquilidad de la mañana se interrumpió, sin embargo, cuando se escucharon gritos enojados provenientes del otro lado de la alberca. A continuación se escuchó el inconfundible e inolvidable sonido hueco de una pistola disparada a corta distancia. Rosario miró en dirección al lugar de donde había llegado el ruido de los disparos y alcanzó a ver a dos mujeres que corrían a un costado de la alberca. "Me incliné fuera de la ventana para mirar y ví a la mujer que tenía la pistola tratando de apuntar hacia la que corría delante suyo," relató posteriormente Garza durante una entrevista.

During the afternoon of March 31, 1995, Selena fans rushed to the Days Inn. Some took it upon themselves to search for evidence at the scene.

La tarde del 31 de marzo de 1995, los admiradores de Selena corrieron al Days Inn. Algunos decidieron buscar evidencia ellos mismos.

TOM FOX/GAMMA LIAISON

to the 1994 red GMC Sierra pickup truck she had borrowed, hopped inside and sped toward the front of the hotel. By then Selena had been whisked by ambulance to Memorial Medical Center, and the Corpus Christi police lay in wait for her murderer.

Police officers blocked Saldívar's exit from the hotel parking lot, expecting that she would turn herself in. Instead, Saldívar locked herself inside her red pickup and pointed the pistol at her temple, a scene reminiscent of O. J. Simpson speeding down the L.A. freeway in a white Bronco, threatening suicide with a gun to his head, only ten months earlier. The police called in both a SWAT and a negotiating team and before long more than twenty-five officers had positioned themselves behind trees and fences, completely surrounding the pickup truck. They placed a boot on a wheel of the pickup, and one of the officers managed to toss a cellular phone into the truck through a window. While Saldívar fiddled with the radio, burst into tears on occasion and pointed the gun at her temple at times, the police negotiating team talked with her over the cellular phone, trying to convince her to lay down her weapon and surrender.

Meanwhile, just a few miles away, Selena lay dying on an emergency room

La asustada mujer notificó inmediatamente a la oficina del hotel acerca de lo que acababa de presenciar y siguió las instrucciones de encerrarse con cerrojo en la habitación. Temiendo por su vida, Garza espió a través de las cortinas para tratar de ver donde se encontraba la atacante y pudo observar a Yolanda Saldívar asomarse una y otra vez al umbral de la habitación 158, la misma en la cual había pasado la noche anterior: la habitación infame que hasta el día de hoy sigue vacía como recuerdo de lo ocurrido en la apacible y amable ciudad de la costa tejana, acariciada por los vientos provenientes del golfo de México, por el dulce sonido de los acentos tejanos y por el aroma de tortillas y frijoles.

Momentos después, Yolanda Saldívar salió de su habitación. En la mano tenía lo que a la empleada del hotel le pareció ser un trapo envuelto alrededor de la pistola, "…como si hubiera estado tratando de ocultar la pistola." Saldívar caminó hacia la pickup GMC Sierra color rojo que le había sido prestada, subió adentro y se dirigió hacia la parte delantera del hotel. Para ese entonces, Selena ya había sido transportada en ambulancia al Memorial Medical Center y la policía de Corpus Christi estaba al acecho de su asesina.

table at Memorial Medical Center. Her assailant's bullet had severed a main artery in the singer's right shoulder and she had suffered a critical loss of blood. On that table, Selena's life flickered like a flame and then went out. At 1:05 P.M., she was pronounced dead. Dr. Lloyd White, the Nueces County medical examiner, stated at the time that despite objections from the Quintanilla family, Selena had been administered five pints of blood in a last brave attempt to save her life. The Quintanillas are Jehovah's Witnesses, who oppose blood transfusions. But nothing could have saved Selena's life—not the team of doctors and nurses at Memorial Medical Center or the fervent prayers of Abraham, Marcela, Chris, Suzette, A.B., or other stunned and bereaved relatives who had rushed to her side. Selena had been shot in cold blood in the back by a coward, and the impact had been so great that Carlos Morales, the nineteen-year-old who helped her into the hotel lobby, had seen the head of the bullet sticking out the front of Selena's shoulder blade.

By a strange twist of destiny (one of many in Selena's brief life), March 31, the day Selena met her tragic end, was the birthday of another eminent Mexican American: César Chávez, the greatest Mexican American hero of all time,

Los policías bloquearon la salida del estacionamiento del hotel, esperando que Saldívar se rindiese. La mujer, en cambio, se encerró dentro de la pickup roja y apuntó la pistola hacia su sien. La escena traía el recuerdo de O. J. Simpson cuando solamente ocho meses antes, aceleró su camioneta Bronco color blanco a lo largo de la autopista mientras amenazaba con suicidarse apoyando una pistola en su cabeza. La policía requirió la presencia de un escuadrón SWAT y de un equipo negociador. Poco después, más de veinticinco agentes policiales apostados detrás de árboles y cercas rodeaban completamente a la camioneta. Una de las ruedas de la camioneta fue inmovilizada mediante un dispositivo especial, y uno de los policías arrojó un teléfono celular adentro de la pickup a través de una de las ventanillas. Mientras Saldívar nerviosamente cambiaba las estaciones de la radio, estallaba por momentos en lágrimas y apuntaba la pistola hacia su sien, el equipo negociador de la policía hablaba con ella a través del teléfono celular y trataba de convencerla de que bajara el arma y se rindiera.

Mientras tanto, a pocas millas de distancia, en una mesa de operaciones en la sala de emergencia del Memorial Medical Center, Selena yacía al borde de

the leader of the United Farm Workers. He was the man who fought until his last breath for the fair treatment of Mexicans and Mexican Americans toiling in our fields, and he stood for justice and harmony among all peoples, races, cultures. César Chávez and Selena had more in common than a day of birth and death. They shared an extraordinary vision of equality and a commitment to improving the quality of life for their people. It was a bond born of truth, love and justice that can never die.

𝒯he standoff between Yolanda Saldívar and the Corpus Christi SWAT team lasted nine and a half hours. The few guests staying at the Days Inn that day were ordered to remain in their rooms during the entire ordeal. A diabetic among them was permitted to receive medication, but the rest subsisted on cookies and other provisions they had handy until the murderer surrendered and the manager phoned them with the news that they were finally free to go. They had been confined for their own

la muerte. Una de las balas había cercenado una de las arterias principales del hombro derecho de la cantante provocando una cuantiosa pérdida de sangre. Como una llama, la vida de Selena vaciló unos instantes antes de apagarse definitivamente. Era la 1:05 de la tarde cuando la joven fue declarada muerta. El doctor Lloyd White, médico forense del condado de Nueces, declaró después de producido el fallecimiento que a pesar de los reparos de la familia Quintanilla, los médicos le habían hecho a Selena una tranfusión de cinco litros de sangre en un último y valiente intento de salvarle la vida. La familia Quintanilla es fiel a los preceptos religiosos de los Testigos de Jehová, quienes se oponen a las tranfusiones de sangre. Pero nada podría haber salvado la vida de Selena—ni el equipo de médicos, ni las enfermeras del Memorial Medical Center, ni las fervientes plegarias de Abraham Quintanilla, Marcela Quintanilla, Chris, Suzette, A.B. o de otros familiares que aturdidos por el dolor se habían precipitado a su lado. Selena había recibido las balas disparadas por la espalada y a sangre fría por una cobarde, y el impacto había sido tan grande que Carlos Morales, el joven de diecinueve años que la había ayudado a entrar al vestíbulo del hotel, había visto

safety, but many felt frightened during their imprisonment. As the standoff began, TV crews and hundreds of Selena fans rushed to the scene, pouring into the blocks around the hotel. Some stood listening to Selena's songs on their tape recorders; others phoned family and friends to keep them abreast of the latest events. Many held out past nightfall as drizzle fell on Corpus Christi. Tense silence, sadness and disbelief hung over the city in those bleak hours.

Apparently, Yolanda Saldívar attempted to contact her family and members of Selena's family to assure them that she had meant no harm. Then at 9:35 P.M., she finally stepped from the pickup and surrendered, and Corpus Christi police immediately took her into custody. An episode that had begun so violently, so explosively, ended with a whimper. The chief of police later stated that perhaps Saldívar had simply grown tired of waiting in the pickup. When she arrived at police headquarters, Saldívar confessed to the crime and was held in lieu of $100,000 bail. Soon after, the judge raised the bail to $500,000 on the basis that Saldívar, who is from San Antonio not Corpus Christi, would be likely to jump bail and disappear. On April 3, 1995, Saldívar was arraigned on murder charges in

la punta de una bala saliendo de uno de los hombros de Selena.

Por un extraño giro del destino (uno de los muchos de la vida de Selena), el 31 de marzo, día de su muerte, era el cumpleaños de otro eminente mexicanoamericano: César Chávez, el héroe mexicanoamericano más grande de todos los tiempos, el líder de la Unión de Campesinos Unidos, el hombre que luchó hasta su último aliento por la reivindicación de los mexicanos y de los mexicanoamericanos que trabajan en los campos de nuestro país, el hombre que sostuvo la causa de la justicia y la armonía entre todos los hombres y mujeres de todas las razas y de todas las culturas. César Chávez y Selena tenían algo más en común que la fecha del 31 de marzo—*La Raza*. Ambos compartían una extraordinaria visión de la igualdad de todos los seres humanos y el compromiso con la causa de mejoramiento de las condiciones de vida de su pueblo. Este lazo es irrompible, producto del amor, de la verdad y de la justicia.

El estancamiento de la situación producida entre Yolanda Saldívar y el escuadrón SWAT duró nueve horas y media. Los pocos huéspedes que ese día se alojaban en el Days Inn recibieron la orden de permanecer en sus habitaciones

connection with the shooting death of Selena.

For her own protection Saldívar was placed in solitary confinement. In Corpus Christi—as in every other town in the Southwest—even the inmates love and worship Selena. The law enforcement community deemed it a distinct possibility that the inmates at the Nueces County jail might take justice into their own hands if given the opportunity. They also believed that modern-day vigilantes waiting outside the jail might attempt to avenge Selena's death. Police headquarters and the Nueces County jail were barricaded and placed under heavy surveillance as soon as

hasta que pasó el peligro. A un huésped diabético se le permitió recibir atención médica, pero los restantes huéspedes debieron alimentarse con galletitas y otras provisiones que tenían consigo, hasta que la asesina se rindió y el administrador del hotel les llamó por teléfono para decirles que finalmente podían abandonar sus habitaciones. La decisión de obligarlos a permanecer encerrados en sus habitaciones había sido tomada pensando en la seguridad de los huéspedes, pero muchos de ellos se sintieron atemorizados durante las horas de encierro. Desde los primeros momentos del episodio protagonizado por la asesina encerrada en la pickup y por la

Like the flower she sang about in "Como la Flor," Selena blossomed and withered too soon.

Como la flor a la que ella se refería en su canción "Como la Flor," Selena floreció y luego se marchitó muy pronto.

SUNG PARK/SYGMA

word of the slaying of the Tejano music star got out.

At first, Rosario Garza went into hiding. She preferred to keep what she had seen to herself. Many believe she feared for her life while others think she was simply in shock. After Selena's funeral, Garza decided to come forward. She contacted attorney Albert Huerta and asked him to represent her, and then told her side of the tragic story. Today Garza is no longer afraid. She wants Yolanda Saldívar to know that she witnessed the horror of March 31, that she saw with her very own eyes how Saldívar aimed a gun at Selena and squeezed the trigger. "I want her to get what's coming to her," Garza told a reporter. "I want to tell her 'I know what happened. I saw it happen and you can't deny it.'"

Yolanda Saldívar's trial is scheduled to begin on October 9, 1995. She stands to get life in prison. The district attorney decided not to press for the death penalty, which in Texas is done by lethal injection. Millions of Selena's fans share the sentiment of Rosario Garza—they want to be there to make sure that justice is done.

But no amount of justice will ever bring Selena back. And yet nothing will ever erase her from the memory of her

policía que la rodeaba, los equipos de televisión y centenares de admiradores de Selena empezaron a llegar al lugar de los hechos, amontonándose en las calles que rodeaban al hotel. Algunos de los presentes escuchaban a Selena en sus grabadoras portátiles; otros llamaban a familiares y amigos para informarles acerca de los últimos acontecimientos. Muchos permanecían aún en el lugar cuando ya había caído la noche y lloviznaba sobre la ciudad. Una mezcla de tenso silencio, de tristeza y de incredulidad envolvió a la ciudad durante esas horas sombrías.

Aparentemente, Yolanda Saldívar intentó comunicarse con su familia y con miembros de la familia de Selena para asegurarles que no había actuado con malas intenciones. Luego, a las 9:35 de la noche, bajó finalmente de la pickup y se rindió a los policías de Corpus Christi que la pusieron bajo custodia. El episodio que había comenzado con tanta violencia explosiva culminaba ahora en un lastimoso gemido. El jefe de policía declaró posteriormente que tal vez ella se había simplemente cansado de esperar en la pickup. Al llegar al departamento de policía, la mujer confesó haber cometido el crimen y quedó detenida. El juez, que en un primer momento había fijado una fianza de cien mil dólares de-

family and fans. Nothing can still her golden voice, which sings forever on her tapes and CDs in homes, stores and restaurants across America; on the airwaves in towns and cities dotting the nation; and from Mexico to Argentina, from Puerto Rico to Spain and all around the globe.

One of Selena's greatest hit singles, "Fotos y Recuerdos," had just hit number 4 on *Billboard*'s Latin chart the week before the singer was struck down. Like the girl in "Fotos y Recuerdos," Selena's family and fans have spilled many tears, but the fallen singer is for-

cidió poco después elevarla a quinientos mil dólares, basándose en la posibilidad de que Saldívar, que es oriunda de San Antonio y no de Corpus Christi, pagara la fianza y luego desapareciera. El 3 de abril tuvo lugar la lectura de cargos y Yolanda Saldívar quedó acusada de asesinar a Selena a balazos.

A fin de garantizar la seguridad de la acusada, la misma fue encerrada en una celda solitaria. En Corpus Christi—al igual que en todas las demás ciudades del sudeste—aun los condenados aman y veneran a Selena. Las autoridades de la ciudad, por lo tanto, consideraron que

Selena's soul has bade farewell to earthly existence, but she lives forever in the memory of her family, friends and fans.

El alma de Selena le ha dicho adiós a su existencia mortal, pero ella vive para siempre en la memoria de su familia, sus amigos y sus aficionados.

JOHN DYER

ever present in their memory, like a photograph that shall never tear or fade. Another popular song by Selena was "Como la Flor." Like the flower she sang about, Selena blossomed and withered too soon…but her music and her beauty live forever in our hearts. ♥

existía una alta probabilidad de que las reclusas de la cárcel del condado de Nueces no desecharan la oportunidad de tomar la justicia en sus manos. Las autoridades también pensaron que algunos grupos de personas que se habían reunido fuera de la cárcel podrían intentar vengar la muerte de Selena. Por esa razón, tan pronto como se corrió la noticia de las circunstancias en que se había producido la trágica muerte de la estrella de la música tejana, se tomó la decisión de levantar barricadas y montar una severa vigilancia tanto alrededor del departamento de policía como de la cárcel del condado.

En un primer momento, se desconoció de Rosario Garza. La mujer prefirió guardar el secreto de lo que le había tocado ver. Muchos piensan que temió por su vida, otros, que se encontraba bajo los efectos del golpe emocional que había recibido. Después del funeral de Selena, Garza decidió hablar para dar a conocer su versión de lo ocurrido y le pidió al licenciado Albert Huerta que fuera su representante. Ahora Rosario Garza ya no siente miedo. Quiere que Yolanda Saldívar sepa que ella presenció el horror del 31 de marzo, que ella vió con sus propios ojos cómo Saldívar apuntaba una pistola hacia Selena y apretaba el gatillo. "Quiero que reciba el castigo

que merece," Garza dijo a un periodista que la entrevistó, "quiero decirle a ella, 'Sé lo que pasó. Lo ví y no puedes negarlo.'"

El 9 de octubre de 1995 es la fecha fijada para el juicio de Yolanda Saldívar. Es posible que sea condenada a pasar el resto de sus días en la cárcel. El fiscal de distrito decidió no pedir la pena de muerte que en Texas se lleva a cabo mediante una inyección letal. Millones de admiradores de Selena comparten el sentir de Rosario Garza—quieren estar presentes para asegurarse que se haga justicia.

Pero por más justicia que se haga, Selena ya no volverá a este mundo. Sin embargo, nada borrará jamás su recuerdo de la memoria de sus familiares y admiradores. Nada podrá borrar su voz de oro, grabada para siempre en tapes y discos compactos, que cantará eternamente en los hogares, en las tiendas y en los restaurantes de todo el país, en los radios de todos los pueblos y ciudades de los Estados Unidos de América, y desde México a la Argentina, de Puerto Rico a España y a través del mundo entero.

Uno de los éxitos más grandes de Selena, "Fotos y Recuerdos," acababa de alcanzar el cuarto lugar en el ranking *Billboard* de la música latina la semana anterior de su trágica muerte. Como la chica de "Fotos y Recuerdos," la familia y los admiradores de Selena han derramado muchas lágrimas, y el recuerdo de la cantante desaparecida permanecerá para siempre en sus memorias, al igual que una fotografía que jamás se borra. Otra conocida canción de Selena era "Como la Flor" y su vida fue tan breve como la de la flor de esa canción—pero su música y su belleza vivirán por siempre en nuestros corazones. ♥

Preciosa

Preciosa

Selena was born on Easter Sunday, April 16, 1971, in Lake Jackson, Texas, a town on a branch of the Brazos River just outside of Houston. Selena would have celebrated her twenty-fourth birthday on April 16, 1995. It too was an Easter Sunday. Just seventeen days earlier, on March 31, Selena had clenched a ring fashioned like a Fabergé egg—an emblem of resurrection and rebirth—in her hand as she fled from her assailant.

For those who believe in omens and signs, Selena was born under a very special star. From her birth, she stood out from those around her. She seemed brighter, more focused, impelled by

Selena nació en Texas, en la ciudad de Lake Jackson a las orillas del río Brazos en las afueras de Houston, el 16 de abril de 1971, un domingo de Pascua. Selena hubiera celebrado sus veinticuatro años el domingo de Pascua del 16 de abril de 1995. Diecisiete días antes, el 31 de marzo Selena apretaba en su mano un anillo en forma oval—un emblema de la Resurrección—mientras se desprendía de su cuerpo.

Para todos aquellos que creen en augurios y hacen caso de predicciones y signos, Selena nació bajo una estrella muy especial. Desde que tuvo edad suficiente dió apoyo a todos los que la rode-

high energy and regal determination more often seen in the rich and the powerful than in humble working-class Tejano families like the one into which she was born. It seemed as though whatever Selena put her mind to, she accomplished with extraordinary ease. She might have felt shy early on in her life when she started performing, but to her teachers, classmates and friends in the Lake Jackson community, Selena always seemed comfortable with herself, happy and at peace with the world. The nickname many of her friends and fans had for her was "Preciosa"—beautiful, spirited and wonderful. As it turned out, one of Selena's early hits, released in 1988, that caught the attention of record industry movers and shakers was called "Preciosa." As in many other instances in Selena's life, there always seemed to be a foreshadowing of her destiny.

In his youth Selena's father, Abraham, had been a musician and had belonged to a group called Los Dinos (Tejano slang for "The Guys"). After he married Marcela and they began to have children—first Abraham III, known as A.B., who in 1995 was thirty-three, then Suzette, who was twenty-seven in 1995, and finally Selena—Abraham decided it was time to get a regular job that would provide for his family. He joined the

aban. Parecía más brillante que las demás, más atenta, dotada de muchísima energía y de esa determinación real, más común en los ricos y los poderosos, que en familias trabajadoras tejanas, como en la que nació Selena. Parecía que todo lo que se proponía lo lograba facilmente. Al comienzo de su vida de artista pudo haber sentido timidez, pero para sus maestros, compañeros y amigos de Lake Jackson, donde ella pasó sus primeros años, Selena siempre estuvo muy cómoda consigo misma, feliz y en paz con el mundo. El apodo que muchos de sus amigos y admiradores le daban era el de "Preciosa." Así fue como "Preciosa," uno de sus más tempranos éxitos, editado en 1988, llamó la atención a aquellos que movían y sacudían la industria discográfica. Como en muchos otros momentos de la vida de Selena, siempre parecía que el destino se anunciaba antes de que los hechos se manifestaran en su vida.

En su juventud, el padre de Selena, Don Abraham Quintanilla II, fue músico integrante del grupo Los Dinos, una forma popular en Texas de decir "los muchachos." Luego se casó con Marcela y comenzaron a tener hijos: primero nació Abraham III, llamado A.B. que en 1995 tenía treinta y tres años, después llegó Suzette que en 1995

Dow Chemical plant in Lake Jackson and almost gave up his beloved music altogether. Almost but not quite. On weekends and after work, he devoted many hours to teaching A.B. to play the bass and Suzette the drums. Music coursed through Abraham Quintanilla II's veins, and for him a house without music was like chili con carne without the chili pepper.

When Selena was barely three years old, she confronted her father, demanding to know why he excluded her from music and would not teach her to play an instrument. When Abraham told his littlest child that she was much too young for music, Selena made up her mind to play the instrument she carried within her, since no one could stop her from joining her father and siblings in their merrymaking. That instrument was her voice. When

Ever since she was a little girl, Selena loved to entertain relatives and friends with her singing.

———

Desde niña, a Selena le encantaba entretener a sus familiares y amigos con sus canciones.

BARBARA
LAING/BLACK STAR

tenía veintisiete años y finalmente nació Selena. El señor Quintanilla decidió entonces buscar un trabajo seguro para mantener a su familia. Fue así como empezó a trabajar en la planta química Dow de Lake Jackson y casi deja por completo su amada música. Casi. Los fines de semana y cada día después del trabajo, dedicaba varias horas a enseñar a tocar el bajo a A.B. y la batería a Suzette. La música corría por las venas de Abraham Quintanilla, y para él una casa sin música era como una comida sin chile.

Cuando Selena recién había cumplido tres años, se enfrentó a su papá porque la excluía de la música, y no le enseñaba a tocar un instrumento. Cuando el señor Quintanilla le dijo a su hija menor que ella era demasiado chica para aprender música, Selena decidió tocar el instrumento que llevaba dentro de sí, su propia voz, y desde ese

Sixteen-year-old Selena and her brother, A.B., aboard a ride at an amusement park. Selena loved to do exciting things, such as parasailing, tobogganing, riding motorcycles and driving her fire-engine-red Porsche.

Selena a los dieciseis años con su hermano A.B. en un parque de diversiones. A Selena le encantaba hacer cosas aventureras, tales como parasailing, los toboganes gigantes, montar motocicleta y guiar su Porsche rojo.

Early on Abraham Quintanilla II forged a close relationship with all of his children. He encouraged Selena's early start and was extremely proud of her achievements.

Desde un principio, Abraham Quintanilla II forjó una relación muy estrecha con todos sus hijos. Alentó mucho a Selena cuando empezó a cantar y siempre se sintió muy orgulloso de sus logros.

BARBARA LAING/BLACK STAR

ever the family band started to play, Selena joined in, dancing and singing at the top of her lungs. Amazingly, by the time she was the tender age of six, Selena was already singing like a pro alongside her father, brother and sister.

Abraham later told a reporter that Selena's timing and pitch were absolutely perfect from the start. He and Marcela were amazed when they first heard their younger daughter belt out a song from Little Anthony and the Imperials that she had heard on the radio. She could do Michael Jackson. She could sing Mexican folk songs and country and western as if she had spent her days at the rodeo. From that moment on, Abraham decided that Selena, too, would be part of the band. He transformed his garage on Caladium Street into a soundproof studio so the neighbors wouldn't complain about the noise and started teaching all three children how to play real Tejano music.

Tejano music, which today is growing faster than any other musical genre in America, thanks in large part to Selena, is the most down home of all Texas sounds. But as it has gained in popularity, Tejano music has also become diversified. It started out as music played by a band or group, in which the accordion took center stage, accompanied for the

momento nadie pudo impedirle acompañar a sus padre y hermanos en la alegría de la música. Cuando ellos empezaban a tocar, Selena se sumaba bailando y cantando a viva voz. Para el asombro de todos, a la temprana edad de seis años Selena ya cantaba cómo una profesional junto a su papá y hermanos.

Abraham Quintanila comentó más tarde a un periodista que los altos y bajos musicales de Selena fueron absolutamente perfectos desde el comienzo. El y Marcela quedaron sorprendidísimos cuando escucharon a su hija canturrear una canción del conjunto Little Anthony and the Imperials que había escuchado en la radio. Podía imitar a Michael Jackson. Podía cantar rancheras, y música folklórica norteamericana como si hubiese pasado sus días en el rodeo. Desde aquel momento el señor Quintanilla, decidió que también Selena sería integrante de la banda familiar. Transformó su garage en la calle Caladium en un estudio de ensayos a prueba de sonido para que sus vecinos no se quejaran por el ruido y comenzó a enseñarles seriamente a sus hijos a interpretar música tejana.

La música tejana, que hoy crece en popularidad más rápidamente que cualquier otro género musical de América del Norte, gracias en gran parte

purposes of rhythm by one or more of the following instruments: the drums, a twelve-string Mexican guitar from northern Mexico or the bass. Incidentally, Tejano music inherited the accordion from German immigrants who settled in south Texas in the 1880s.

As Tejano music slowly grew in popularity in south Texas, Tejano musicians in places like San Antonio, Corpus Christi and San Marcos began to infuse their songs with elements from such diverse musical genres as pop, folk, R&B and country. Tejano music even inherited elements of Cuban salsa, Colombian dance music and rap. In addition, the synthesizer became an integral part of the Tejano sound, often substituting for the accordion. Another distinctive feature of Tejano music is that Tejano singers sometimes switch deftly from Spanish to English and often incorporate both languages in a single song.

Tejano songs tend to be sentimental. They often lament lost love and explore issues of betrayal and revenge. Until quite recently Tejano music enjoyed popularity only in Texas and in the northern part of Mexico, particularly in the border regions where Mexicans are able to tune into American broadcasts on their radios. That all changed in 1991 when the Tejano groups Mazz and La

a Selena, es el sonido más autóctono de todo Texas. La música tejana, así como ganó en popularidad también ha sufrido cambios, comenzó como música de conjunto, música interpretada por un grupo o banda, en la cual el acordeón era el instrumento principal acompañado en la creación del ritmo por uno o varios de los siguientes instrumentos: batería, bajo sexto (guitarra original del norte de México de doce cuerdas) o el bajo. Incidentalmente la música tejana heredó el acordeón de los inmigrantes alemanes que se establecieron en 1888 en el sur de Texas.

A medida que lentamente la música tejana fue creciendo en popularidad en el sur de Texas, en lugares como San Antonio, Corpus Christi y San Marcos, los músicos tejanos comenzaron a fusionar elementos de diversos géneros musicales como el pop, folklore, R&B y country. La música tejana también heredó elementos de la salsa cubana, la cumbia colombiana y el rap, sumándose luego los sintetizadores que comenzaron a ser parte integral del sonido tejano, muchas veces sustituyendo al acordeón. Otra característica distintiva de ésta música es que los cantantes tejanos muchas veces pasan fácilmente del español al inglés y muchas veces una sola canción usa los dos idiomas.

Mafia captivated Latinos across America and Mexicans beyond that region with their sound. In the last several years interest in Tejano music has grown exponentially: In 1993, Tejano musicians raked in $14 million in record sales and landed a large share of commercial endorsements.

Like Tejano music itself, Selena's ancestral roots go as deep as the poplar trees that dot the Texas landscape. Selena's great grandfather emigrated from Mexico to the United States and married a Mexican American from Texas. Her family had inhabited the land even before the signing of the Treaty of Guadalupe Hidalgo in 1848, when Texas as well as California and most of the Southwest still belonged to Mexico and not to the United States. In fact, Selena's forebears have lived in Texas longer than most Anglo Texans. If anyone was ever American born and bred, it was Selena. That is one reason why many Tejanos and Mexican Americans in other regions of the United States are often puzzled when Anglo Americans and other ethnic groups refer to them as foreigners. To Tejanos, if anyone is foreign to Texas soil, it's the latecomers who followed that old raccoon hunter by the name of Davy Crockett.

Selena spoke English with a real

La música tejana es generalmente sentimental. Comúnmente lamenta un amor perdido y habla de traiciones y revanchas. Hasta no hace mucho, la música tejana era popular solamente en Texas y en la parte norte de México, particularmente en las regiones limítrofes donde los mexicanos pueden sintonizar en sus radios estaciones norteamericanas. Todo cambió cuando en 1991 los grupos tejanos Mazz y La Mafia cautivaron con su música a los latinos de norteamerica y a los mexicanos más allá de los norteños. En los últimos años el interés por esta música ha crecido exponencialmente: En 1993 la música tejana alcanzó los catorce millones de dólares en ventas discográficas y dejó una larga suma de ganancias comerciales.

Como la propia música tejana, las raíces ancestrales de Selena se sumergen tan profundamente como los álamos que adornan el paisaje tejano. El bisabuelo de Selena emigró desde México a los Estados Unidos de Norteamérica y se casó con una mexicanoamericana de Texas. Los antepasados de Selena vivieron en Texas desde mucho tiempo antes que muchos anglotejanos. Si se puede decir que alguien es completamente norteamericana, Selena lo fue. Su familia vivió en estas tierras antes del Tratado de

down-home Texas twang. She was always respectful and self-contained in the company of elders, but she had a witty, cutting humor that most Americans associate with the *other* Texans—people such as Ross Perot and former Governor Ann Richards. And as is the case with most Tejanos of Selena's generation (as well as for many who had come before), Selena was first and foremost a speaker of English, not Spanish. In fact, she made many mistakes in Spanish and often laughed at herself. When tours to Mexico and guest appearances on Spanish-language radio and TV, such as the extremely popular shows *Cristina* and *Siempre en Domingo,* began picking her up, Selena found it difficult to communicate in her broken Spanish. So in typical Selena fashion, she grabbed the bull by the horns and took daily Spanish lessons

Guadalupe Hidalgo de 1848 cuando Texas, como California y la mayoría del sudoeste, era territorio mexicano y no de los Estados Unidos. Esa es una de las razones por la cual muchos tejanos y mexicanoamericanos de otras regiones de los Estados Unidos se desconciertan con frecuencia cuando los angloamericanos y otros grupos étnicos se refieren a ellos como extranjeros. Para los tejanos, si alguien es extranjero en suelo tejano, lo son aquellos que fueron los últimos en llegar, los seguidores de un viejo cazador de mapaches llamado David Crockett.

Selena hablaba inglés con un auténtico acento tejano. Fue siempre respetuosa y reservada en presencia de sus mayores. Pero tenía ese ácido y punzante humor que muchos americanos relacionan con los "otros" tejanos, con gente como Ross Perot o la gobernadora

Seventeen-year-old Selena made onlookers laugh when she posed as a drunk with a sunflower stuck to her front teeth and a wine bottle in her hand.

———

Selena a los diecisiete años, riendo y bromeando como si estuviera "borracha" con una semilla de un girasol pegada a un diente y una botella de vino en la mano.

BARBARA LAING/BLACK STAR

Eighteen-year-old Selena, at a friend's wedding, would become a happy bride herself two years later when she married Chris Pérez.

Selena a los dieciocho años en la boda de una amiga. Dos años más tarde, fue ella la novia feliz cuando se casó con Chris Pérez.
BARBARA LAING/
BLACK STAR

Ann Richards. Y, como en la mayoría de los casos de los tejanos de la generación de Selena, y muchos casos anteriores, Selena habló primero y más elocuentemente el inglés que el español. En realidad ella cometía muchos errores cuando hablaba español, y muchas veces se reía de sí misma. Durante sus presentaciones en México, en apariciones en la radio y televisión de habla hispana y en programas tan populares cómo *Cristina* y *Siempre en Domingo,* a veces comenzaba a balbucear y le era muy difícil comunicarse en su español entrecortado. Y fue así que, en uno de sus gestos típicos, Selena, tomó el toro por las astas y comenzó a tomar diariamente clases de español hasta que habló la lengua como una nativa.

A pesar de que su primer idioma fue el inglés, Selena pudo cantar en español fonéticamente desde que era pequeñita. Gracias a su padre, cantaba nítidamente en español sin el más mínimo acento gringo. El señor Quintanilla sentía que sus hijos tenían que aprender a tocar la música tejana porque además de ser la

until she had the language down pat like a pro.

While her first language was English, Selena could sing phonetically in Spanish from the time she was knee high. Thanks to her father, she sang flawlessly in Spanish and did not betray the slightest hint of a gringo accent. Abraham felt that his children should learn to play Tejano music, since it was the traditional music of his ancestors. He felt a deep love for the genre. Tejano music spoke to his soul and assured the continuity of Mexican American culture and art. It was the music that those willing to hire him and Los Dinos wanted to hear in the 1960s.

Texas was, and to a large degree remains, a segregated society. Other than

the occasional mariachi band at a fancy Anglo wedding, Tejanos and Anglos rarely mix. Tejanos celebrate life and mourn death in their barrios far from the Anglo side of the tracks. To a great extent, Selena first had to be a prophet among her own people before she could dream of eventually making it in the mainstream music world. The same, of course, has held true for other Latino crossover performers, such as Gloria Estefan and Jon Secada.

Abraham had always dreamed of owning his own business—perhaps a restaurant—where he could perform in front of an audience as he had done before his children were born. In 1980, he took the plunge. He quit his nine-to-five job with Dow Chemical and with his savings opened a Tex-Mex restaurant called Papagallos. A little later, when Selena was barely nine, he launched Selena y Los Dinos, named in honor of his old band. At the restaurant, A.B. performed on bass, Suzette played the drums and Selena sang. Her style, voice and stage presence attracted people from all over. All who heard her—even when on occasion her voice broke—knew that some day that "pretty little lady" would go far.

Later, Selena recalled that their beginning as a family combo was one of

música de sus antepasados, él particularmente sentía un profundísimo amor por ella. La música tejana vivía en su espíritu y como un eco le afirmaba la existencia y solidez del arte y cultura mexicanoamericano. Y, además, era la música del grupo que en los años 60 integraban, Los Dinos y de todos aquellos que los escuchaban.

Texas fue y sigue siendo una sociedad segregada. Fuera de la ocasional banda de mariachis en algún sofisticado casamiento anglo, los tejanos y los anglos raramente se relacionan. Los tejanos celebran la vida y lamentan la muerte en sus barrios, lejos del mundo anglo. De alguna manera Selena tuvo primero que ser "profeta en su tierra" antes de soñar en llegar al mundo de la música nacional. Lo mismo, es claro, ocurrió en el caso de otros músicos latinos como Gloria Estefan y Jon Secada.

Abraham Quintanilla siempre soñó con tener su propio negocio—quizás un restaurante—donde él pudiera interpretar sus temas frente a una audiencia como lo había hecho antes de que sus hijos nacieran. En 1980 se animó. Dejó su trabajo en la compañía química Dow y con sus ahorros abrió Papagallos, un restaurante tejano-mexicano. Un poco después, cuándo Selena tenía nueve años, el señor Quintanilla comenzó su

the happiest times for her dad—and for her mom, too, who was always the emotional bedrock of the family, always there to fix matters, cook, dispense advice and just hug and kiss the kids when they needed it. The Quintanillas loved spending time together as a family. They trusted and helped each other. They put one another's interests before their own. "We've always been a very close-knit family," recalled Abraham early in 1995. "Every time we saw each other, even if it was ten or fifteen times a day, there would always be hugs and kisses."

But the restaurant and the brief financial freedom that Abraham had longed for were short-lived. A year after Papagallos opened its doors, Texas oil went bust and a recession hit the Lone Star State like a dust storm. Customers started cutting down on entertainment and dining out and, almost overnight, the Quintanilla family went bankrupt. They found themselves not only without the restaurant and a steady source of income, but also without a roof over their heads.

Selena recalled several years later the fear she experienced during those days. But in typical Quintanilla style—and, most assuredly, in typical Selena style—rather than moping or bemoaning their

nuevo grupo, Selena y Los Dinos, así llamado en honor a su vieja banda. En el restaurante, A.B. tocaba el bajo, Suzette la batería y Selena cantaba. Su estilo, voz y seguridad en el escenario atrajo a gente de diversos lugares. Todos los que la escuchaban—aún cuando ocasionalmente su voz se quebraba—sabían que algún día esta "pequeña y bonita damisela" llegaría muy lejos.

Más tarde, Selena recordaría que los días en que empezó a formarse el conjunto familiar fueron tal vez los más felices para su padre—y para su madre, quien fue siempre el sostén emocional de la familia, siempre lista para solucionar cualquier problema, cocinar, dar consejos y abrazar y llenar de besos a sus hijos cuando ellos lo necesitaban. Los Quintanilla amaban estar juntos. Se tenían completa confianza y se ayudaban mutuamente. Cada uno de ellos ponía primero los intereses de la familia delante de los propios.

"Siempre fuimos una familia muy unida," recordaba el señor Quintanilla a principios de 1995. "Cada vez que nos veíamos, así fuesen diez o quince veces por día, siempre nos dábamos con besos y abrazos."

Pero el restaurante y la libertad económica no duraron mucho tiempo. Después del primer año en que Papa-

Selena, A.B., and Suzette in a photo taken in 1990. They were the best of friends. Together, Selena and her Dinos would take the Tejano music scene by storm

———

Selena con A.B. y Suzette en una foto tomada en el 1990. Eran muy buenos amigos. Juntos, Selena y sus Dinos revolucionaron la música tejana.

BARBARA LAING/BLACK STAR

Selena y Los Dinos got their start singing at the Quintanilla restaurant, Papagallos. After the Texas oil bust, the family went bankrupt and took their show on the road. Along the way to fame and fortune, the band picked up new members, including guitarist Chris Pérez (*far right*).

———

Selena y los Dinos empezaron cantando en el restaurante de la familia, Papagallos. Después de la debacle petrolera en Texas, la familia entró en bancarrota y empezaron a dar conciertos por todas partes. El conjunto fue creciendo, y uno de los nuevos miembros que contrataron fue el guitarrista Chris Pérez.

BARBARA LAING/BLACK STAR

A.B. was not only an accomplished bass guitar player, but he also wrote some of Selena's most memorable songs.

———

A.B. no sólo es un gran guitarrista, sino que escribió muchas de las canciones más memorables de Selena.

A.B. (on guitar) told *La Prensa de San Antonio* in February 1994, "A lot of people think that just because I'm Selena's brother automatically, boom, I'm going to produce her albums. That's not the case at all. Just as Selena had to prove her ability, I had to prove mine."

———

A.B. (aquí tocando la guitarra), le dijo a *La Prensa de San Antonio* en febrero de 1994, "Mucha gente piensa que sólo por ser el hermano de Selena no más, voy a producir sus discos. Eso no es verdad. Así como Selena tuvo que demostrar su habilidad, yo tuve que demostrar la mía."

fate, the family decided that "when all you got is lemons you make lemonade." The result was the real launching of Selena y Los Dinos, the Tejano band that would eventually put the Quintanillas on the international road to fame and fortune.

After Papagallos went under, the entire family moved to Corpus Christi. They then piled into an old beat-up bus with their guitars, accordions, bass and songs and hit the Texas back country with no stopping in sight. They played weddings. They played the streets. They played at the Spanish equivalent of sweet-sixteens, except in Latino culture girls come out at fifteen. Sometimes they played for free so people would ask them back. Sometimes they played all day and all night or did a gig in some smoky cantina just to earn enough money for gas and to put some tortillas and frijoles on the table.

By then, A.B. had blossomed into an accomplished songwriter, and he penned most of the songs Selena sang. Selena contributed to the effort by composing much of the music. She took her creative impulses very seriously. She once told Chito de la Torre, a journalist for *La Prensa de San Antonio* that "it's hard to write songs. You can't just write them down." Despite the challenges, A.B. and

gallo abrió sus puertas, vino la quiebra del petróleo en Texas y la recesión golpeó al estado cómo una tormenta de polvo. De un día para otro, la gente dejó de comer fuera de sus casas y de gastar dinero en diversiones; la familia Quintanilla estaba en bancarrota. No solamente perdieron el restaurante y con él una entrada segura de dinero, sino que también se quedaron sin techo.

Selena recordó muchos años después el temor que sintió durante esos tiempos. Pero en el estilo típico de la familia—y seguramente, en el típico estilo de Selena—en véz de llorar y lamentar el desastre, la familia decidió que "cuando todo lo que queda son limones, hay que hacer limonada." El resultado fue el verdadero despegue de Selena y Los Dinos, la banda tejana que puso a la familia Quintanilla en el camino hacia la fama y la fortuna.

Después de la quiebra de Papagallos toda la familia se mudó a Corpus Christi. Se apilaron en un viejo y destrozado ómnibus con sus guitarras, acordeones, bajo y canciones y se fueron a recorrer los caminos tejanos sin miras de llegar a ningún lado. Tocaron música en los casamientos, en las calles y en fiestas de quinceañeras. A veces tocaban gratis y la gente los invitaba a volver. A veces lo hacían todo el día y la noche, o

Selena created a brand-new Tejano music style—one that incorporated more fast dance music, more salsa, and that appealed to both younger generations as well as to more traditional Tejano diehards. In 1980, Selena broke into the recording industry. She recorded her first album under Freddie Martínez, Sr., at Freddie Records, an independent recording company in Texas that is devoted to Tejano music.

Selena recalled the early days on the road with fondness in an interview conducted just a few days before her death. She kidded that her father saw dollar signs when people started turning up to hear her, and she said that it gave her a musical and personal maturity and wisdom she never would have had otherwise. But life on the road also consumed a big chunk of her childhood. In fact, Selena dropped out of school in the eighth grade, and for a time during those early traveling days, Abraham was actually charged with violating Texas child labor laws.

However, Selena was committed to learning and to making something of herself. In spite of the many demands placed on her, of having to sing in cantinas and smoke-filled bars until the wee hours, she continued her education by correspondence and actually earned a

hacían una aparición en alguna cantina barata para poder poner gasolina en el carro y algunas tortillas y frijoles en la mesa.

Para aquel entonces, A.B. se había convertido en un compositor buenísimo, escribía casi todas las canciones que Selena cantaba. Selena contribuía componiendo muchas veces la música. La niña tomó muy en serio este impulso creativo. Una vez, le dijo a Chito de la Torre, un periodista de *La Prensa de San Antonio,* "Es difícil escribir canciones. No es simplemente el hecho de escribirlas." Más allá del desafío, A.B. y Selena crearon un nuevo estilo de música tejana de banda—un estilo que incorporó más cumbias, más salsa, más ritmos rápidos para bailar y que atraía tanto a la generación joven como a los tejanos más tradicionales. Cuando Selena tenía más o menos diez años, llegó a la industria discográfica. Su primer álbum fue grabado por Freddie Martínez, Sr. en Freddie Records, una compañía discográfica independiente que se dedica a la música tejana.

En una entrevista pocos días antes de su muerte, Selena recordaba con nostalgia esos tiempos de giras con su familia. Con simpatía, dijo que su papá veía dólares cuando la gente aparecía para escucharla cantar, y dijo también

Selena's advice to Mexican American youth was to stay in school, steer clear of alcohol and drugs and remain chaste. She devoted much of her time and energy getting this message out.

———

El consejo que Selena le daba a la juventud mexicanoamericana era que se quedaran en la escuela, que no tomaran alcohol o usaran drogas, y que se mantuvieran castos. Selena dedicó mucho de su tiempo y energías luchando por esta causa.

high school degree from a correspondence school in Chicago.

Selena often remembered her days at Roberts Elementary School, before the family went on the road, as some of the best times she ever had. As a child, Selena was something of a tomboy. She loved climbing trees and wrestling with the guys. She also excelled at soccer. Even at ages six and seven, Selena was flexing her entrepreneurial muscles. She would sell candies and decorated pencils to classmates as well as fashion drawings she had taught herself to do. Her father warned her not to be so pushy, but she ignored him and continued her business transactions behind her teachers' backs. Fashion drawing and fashion were fields that would interest her for the rest of her life. Fashion was also indirectly related to the assassin's bullet that took her life. From a young age, Selena was also a terrific prankster. Once, she put toothpaste in a friend's Oreo cookies. On other occasions, she surprised both family members and friends with unexpected custard pies in the face.

While she was still a poor itinerant Tejana musician, Selena made a covenant with herself that someday she would visit schools and encourage Latino kids to get an education. In fact, once she made it and companies like

que esas experiencias le habían dado una madurez personal y musical así como también una sabiduría que no habría logrado de otra manera. Pero esa vida consumió también una gran parte de su infancia. Selena abandonó los estudios en el octavo grado. En aquellos tiempos lejanos el señor Quintanilla fue culpado de violar las leyes tejanas de protección a la infancia.

De todas formas, Selena estaba decidida a aprender y hacer algo de sí misma. Más allá de todas las responsabilidades que tenía de tener que cantar en cantinas hasta el amanecer y en bares llenos de humo, continuó su educación por correspondencia hasta recibir su diploma de estudios secundarios a través de una escuela de Chicago.

A menudo Selena recordaba sus días en la escuela primaria Roberts, antes que la familia saliera a recorrer los caminos, y decía que habían sido los mejores de su vida. En su infancia, Selena era una diablilla. Amaba trepar árboles y luchar con los muchachos. También se distinguió jugando al fútbol. A la edad de seis o siete años, Selena se entrenaba para desarrollar sus músculos de empresaria. Vendía golosinas y lápices decorados a sus compañeros de escuela, así como diseños de moda que hacía ella misma. El papá le aconsejaba que no fuera tan agre-

Coca-Cola, AT&T and Southwestern Bell sought her endorsements, she devoted a good deal of energy and time to the education of Latino children. Selena stipulated in her contract with the cosmetics firm Dep Corporation that they team up and produce an educational video that would encourage Latino students to study hard and make something of themselves.

Selena's advice to Mexican American kids was right to the point: Stay in school. Don't drink. Don't use drugs. Remain chaste. Corpus Christi Mayor Mary Rhodes, who often accompanied Selena to appearances at local schools and who was on hand for the opening of her Selena Etc. salon and boutique in Corpus, recalled that one day during a school presentation of Selena's educational video, the machine jammed and the engineer had trouble fixing it. In totally spontaneous Selena fashion, Selena jumped from her seat and belted out "Amor Prohibido" a cappella. The students went wild. She was one of them. She felt like one of them. And she insisted that they try to achieve what she had achieved. They believed in her.

It was just like Selena to lend support to her people. At age eight, she had made a solemn commitment to people when she was performing for a small

siva, pero ella lo ignoraba y continuaba con sus negocios a espaldas de los maestros. El diseño de moda y la moda le interesaban a Selena toda su vida. De una manera indirecta la moda también estaba relacionada con la bala que le quitó la vida. Desde una edad temprana, Selena fue una cómica increíble. Una vez, puso pasta de dientes en un bizcocho de chocolate y crema de una amiga. En otra ocasión, ella sorpendió a familiares y amigos con un sorpresivo ataque de pasteles de crema a la cara.

Cuando era una pobre música tejana ambulante, Selena se prometió a sí misma que algún día visitaría escuelas y alentaría a la juventud latina a obtener una educación. De hecho, cuando alcanzó la fama y compañías como Coca-Cola, AT&T y Southwestern Bell salieron a buscarla, ella brindó su energía y su tiempo a la educación de los niños latinos. Selena estipuló en su contrato con la compañía cosmética Dep Corporation que juntamente producirían un video educacional que incentivaría a los estudiantes latinos a estudiar más para hacer algo de sí mismos.

El consejo de Selena a la juventud mexicanoamericana iba directo al grano: Permanezcan en la escuela. No beban. No usen drogas. Permanezcan castos.

crowd in some two-horse town in the Texas panhandle. She did not turn her back on them after she made it big and became a millionaire and an international star.

Selena was as equally committed to the protection of women as she was to education. In 1993, the performer taped a public service announcement for a battered women's shelter, the Houston Area Women's Center. A volunteer reported that every time Selena's tape "Put an End to Pain" aired, the shelter's phone lines would ring off the hook with Spanish-speaking callers. A few days after the singer died, the Texas State legislature unanimously passed a resolution honoring Selena for her commitment to Latino youth and for her contributions as a role model. By her deeds, as well as by her words, Selena encouraged Latinos to affirm life, to respect themselves, to follow their dreams and to stay away from drugs and drink and to learn AIDS prevention.

Those who knew Selena in her younger years and those who met her later on when she had achieved stardom first always mention the humble, kind, unpretentious person before they speak of her sultry beauty or her sensational musical style. Selena never forgot her roots, and although the nature of her life

La intendente de Corpus Christi, Mary Rhodes, quien a menudo acompañaba a Selena en sus apariciones en las escuelas locales, y quien estuvo a su lado en la inauguración de su tienda de ropa y salón de belleza de Corpus, Selena Etc., recuerda que un día durante una presentación del video educacional de Selena, la máquina se rompió y el encargado se encontró con problemas para arreglarla. Con su espontaneidad habitual Selena saltó de su asiento y cantó "Amor Prohibido" a cappella. Los estudiantes enloquecieron. La sentían como una de ellos. Selena se identificaba con ellos, e insistía que trataran de llegar a lo que ella había llegado. Creían en ella.

Era típico de Selena apoyar a su gente. Había hecho una solemne promesa una vez a la edad de ocho años, cuando actuaba frente a un reducido grupo de una pequeña población de los confines de Texas, y después de convertirse en millonaria y en estrella internacional nunca se olvidó de ella.

Selena estaba tan comprometida con la causa de la protección de la mujer como lo estaba con la de la educación. En 1993, la estrella grabó un anuncio para un albergue para mujeres maltratadas, el Houston Area Women's Center. Un voluntario informó que cada vez que la grabación de "Póngale Alto al

changed, life never changed her. From the child of six, who delighted in helping her classmates with their homework, to the generous twenty-year-old woman, who would often anonymously pick up the tab of an elderly woman dining alone or take the time to talk with fans who stopped her in the street, Selena always remained true to her values and true to her heart. ♥

Dolor" salía al aire, los teléfonos del albergue no dejaban de sonar con llamadas de personas que hablaban en español. Unos días después de la muerte de Selena, la legislatura de Texas unánimemente pasó una resolución honrando a Selena por su compromiso con la juventud latina y por su contribución como modelo de virtud. Con sus actos tanto como con sus palabras, Selena alentó a los latinos a reafirmar sus vidas, a representarse a sí mismos, a terminar sus proyectos y a mantenerse lejos del alcohol y de las drogas y a aprender a prevenir el SIDA.

Tanto aquellos que la conocieron en su juventud, como aquellos que la conocieron después del estrellato, siempre mencionan en primer lugar a su humilde, bondadosa y modesta persona antes de referirse a su exuberante belleza o a su fabuloso estilo musical. Selena nunca olvidó sus raíces, y a pesar de que su vida cambió, ella siguió siendo la misma. Desde que era una niña de seis años que ayudaba a sus compañeritos a hacer sus tareas, la generosa mujer de veinte años que anónimamente pagaba la cuenta de una viejecilla que comía sola o que tomaba su tiempo para conversar con sus admiradores en la calle, Selena siempre permaneció fiel a sus valores y a su corazón. ♥

Love and Fame,
but Above All, Love

Amor y fama,
pero sobre todo, amor

Nineteen eighty-six was a pivotal year for Selena and the Quintanilla family. After years of cantinas, anonymity and precious little money to fix the family bus—which kept breaking down in the middle of oil fields or on parched stretches of road where the only thing in sight to quench the thirst was the sweet fruit of desert cactus—came success. In 1986, Selena was named Female Vocalist of the Year at the Tejano Music Awards in San Antonio. The Tejano Music Awards had been launched just six years earlier by former art teacher and music

El año 1986 fue crucial para Selena y la familia Quintanilla. Luego de años de cantinas, de anonimato y de poquísimo dinero para arreglar el bus de la familia que continuamente tenía algún problema en medio de los campos de petróleo ó en el desierto donde lo único que había para calmar la sed era la tuna, el dulce fruto del cactus, llegó el éxito. En 1986, Selena fue elegida Cantante del Año por el jurado encargado de distribuír los premios a la música tejana en la ciudad de San Antonio. Estos premios a la música tejana habían empezado a

Selena and Chris Pérez met in 1988, but their romance did not blossom until a few years later. They married on April 2, 1992.

Selena y Chris Pérez se conocieron en 1988, pero el romance no floreció hasta unos años después. Se casaron el 2 de abril de 1992.

BARBARA LAING/
BLACK STAR

Selena and Chris looked very much in love backstage at the 13th Annual Tejano Music Awards in 1993.

Selena y Chris lucían muy enamorados en el XIII Premio Anual de la Música Tejana en 1993.

veteran Rudy Treviño and leader of the Latin Breed Band, Gilbert Escobedo. Only fifteen hundred fans turned out for those first Tejano Music Awards. Over the years, San Antonio evolved into the Nashville of Tejano music. The year Selena received her award, forty-five thousand fans attended the awards ceremonies while millions watched on TV on both sides of the Texas-Mexico border. They saw a talented performer in Selena, who captivated her audience with her long cinnamon hair, her sensuous tropical lips and her knock-out elegant figure. It was perhaps these attributes that first caught the eye of a certain guitarist by the name of Chris Pérez. Or perhaps it was the coy reserve she had off stage or her great sense of humor, generosity and humility.

Rudy Treviño was not surprised by the way Selena delighted audiences in 1986. When he heard a local recording Selena had done for the Manny Guerra label, he saw the makings of a star and knew that Selena was poised not only to make it big, but also to serve as the messenger of Tejano music for the rest of America. Another music personality who recognized Selena's talents was Johnny Canales, an entertainer who has one of the top Spanish television shows on both sides of the Rio Grande and

ser otorgados seis años antes, en 1980, por el veterano músico y antiguo profesor de arte, Rudy Treviño y por Gilbert Escobedo, líder de la banda musical Latin Breed. El primer año, la entrega de los premios atrajo solamente a mil quinientos aficionados.

Con el paso de los años, San Antonio se convirtió en el Nashville de la música tejana. En 1986, año en que Selena recibió su premio, cuarenta y cinco mil personas asistieron a la ceremonia, y millones de entusiastas de ambos lados de la frontera de Texas y México, siguieron la entrega de premios a través de sus pantallas de televisión. El público vió en Selena a una artista de talento que cautivó a la audiencia con su larga cabellera color canela, sus labios de sensualidad tropical y el impacto de su elegante silueta. Fueron posiblemente estas cualidades lo que en un primer momento llamó la atención de un cierto guitarrista llamado Chris Pérez. O quizás haya sido la actitud tímida y reservada de Selena fuera del escenario, o su gran sentido del humor, su generosidad o su humildad.

Para Rudy Treviño no fue una sorpresa ver la manera en que Selena deleitaba al público en 1986. Cuando escuchó una grabación local que Selena había hecho para la marca Manny

who has been instrumental in creating overnight stars. Canales befriended Selena and the Quintanilla family early on in Selena's career and in 1990 he took the young singer to Mexico to introduce her to millions of viewers, acting as much like a father or older brother as a television producer and host.

That is why it is particularly tragic and poignant that Johnny Canales had planned his large and lavish wedding at Eagle Pass–Piedras Negras on the Mexico-Texas border for March 31, 1995, the day the sun went dark in Texas. He heard the sad news while he was on the way to Eagle Pass–Piedras Negras. After much internal wrestling and talk of canceling the wedding, in spite of the three thousand guests in attendance, Johnny Canales and his bride decided to dedicate their wedding to Selena and began the ceremony with a deep and mournful moment of silence.

*I*n 1989, Selena, by then on the fast track to fame, signed on with the Capitol/EMI Latin label. At the time, her sta-

Guerra, descubrió inmediatametne que la cantante llegaría a ser una estrella, y también supo enseguida que Selena no solamente llegaría a la cumbre reservada para pocos artistas, sino que también habría de ser la mensajera que llevaría la música tejana al resto de America. Otra gran figura del mundo musical que reconoció enseguida el talento de Selena fue Johnny Canales, artista que tiene uno de los programas de televisión hispana más importantes de ambos lados del río Grande y quien impulsó la carrera de muchos artistas que llegaron al estrellato de la noche a la mañana. Canales se hizo amigo de Selena y de la familia Quintanilla en los primeros tiempos de la carrera de la joven y en 1990 la llevó a México para presentarla ante millones de espectadores cumpliendo junto a ella el papel de padre y hermano mayor, a la vez que el de productor y conductor de programas de televisión.

Es por esto, que resultó particularmente trágico y conmovedor a la vez, que Johnny Canales hubiera decidido celebrar su elegante y lujosa boda en Eagle Pass–Piedras Negras, sobre la frontera entre Texas y México, precisamente en 31 de marzo de 1995, día en que se apagó el sol en Texas. Canales recibió la triste noticia mientras se

dium concerts were regularly drawing more than sixty thousand fans. Her early albums *Alpha, Dulce Amor* and *Preciosa* had all become big sellers and, even if the folks in New York or Los Angeles didn't know it yet, Selena was famous—at least on her own turf. By then, too, Abraham Quintanilla II, who had been acting as manager of Selena y Los Dinos, decided it was time to expand the family combo to an eight-piece band.

Unwittingly, with his decision to add more musicians to his band, Abraham had opened the door for Selena's happiest moments in her short life. Pete Astudillo, a musician from Laredo, Texas, became one of the Dinos in 1989. He and Selena went on to perform well

dirigía hacia Eagle Pass–Piedras Negras. Después de resolver una gran conmoción interna y de hasta considerar la posibilidad de postergar la boda, a pesar de encontrarse ya reunidos los tres mil invitados, Johnny Canales y su novia decidieron seguir adelante con la ceremonia y dedicársela a Selena en un profundo y apesadumbrado momento de silencio al comienzo de la boda.

En 1989, Selena, quien para ese entonces ya recorría rápidamente el camino hacia la fama, firmó un contrato con la marca Capitol/EMI Latina. En esos días, los conciertos que realizaba en los estadios al aire libre atraían regularmente alrededor de sesenta mil admiradores. Todos sus primeros álbumes *Alpha*, *Dulce Amor* y *Preciosa*, habían

Selena (with photographer Al Rendon at a photo shoot in Corpus Christi) never complained about the long hours spent behind the camera. She was a true professional, who would do the work until it was done right.

Selena—aquí con el fotógrafo Al Rendon en una toma en Corpus Christi—nunca se quejó de las largas horas que su carrera le exigía pasar ante las cámaras. Tenía un verdadero profesionalismo y no descansaba hasta que todas las fotos quedaran bien.

In February 1994 at Radio City Music Hall in New York City, Selena was awarded a Grammy for Best Mexican American Album for her 1993 hit *Selena Live*.

En febrero de 1994, Selena recibió un Grammy en el Radio City Music Hall en la ciudad de Nueva York por mejor álbum mexicanoamericano en reconocimiento de su grabación hit *Selena Live*.

In 1991, a year before Selena married Chris, her album entitled *Ven Conmigo* caused a sensation.

En 1991, un año antes de que Selena se casara con Chris, su álbum *Ven Conmigo* causó una sensación.

VEN CONMIGO

The cover of *Selena Live,* which was recorded live at the Memorial Coliseum in Corpus Christi on February 7, 1993.

La portada de *Selena Live,* que fue grabado en el Memorial Coliseum en Corpus Christi el 7 de febrero de 1993.

batido records de ventas, y aunque todavía no la conocieran en Nueva York ni en Los Angeles, Selena ya era famosa—al menos en su propio territorio. También para ese entonces Abraham Quintanilla, que actuaba cómo representante de Selena y de Los Dinos, decidió que había llegado el momento de enriquecer al conjunto familiar y formar una banda de ocho instrumentos.

Sin proponérselo, con su decisión de añadir más músicos a su banda en 1989, el señor Quintanilla había abierto las puertas hacia los momentos más felices de la breve vida de Selena. Pete Astudillo, un músico de

together, singing hit duets like "Yo Te Amo" and "Amame, Quiéreme." Astudillo and A.B. also cowrote a number of Selena's hits including "Like the Flower," which captured a Lo Nuestro Award in 1993. On two occasions Pete Astudillo and Selena were nominated for Vocal Duo of the Year at the Tejano

Laredo, Texas, se incorporó a la banda en 1989. El dúo formado por Astudillo y Selena llegó a tener mucho éxito, como en el caso de "Yo te amo" y "Amame, Quiéreme." Astudillo escribió junto con A.B. algunos de los éxitos de Selena, incluyendo "Como la Flor," la canción que recibió el premio

Music Awards. (In 1993, Astudillo left Selena y Los Dinos and launched a successful solo career.) In 1989, the Quintanilla family also hired a talented guitarist, a young man named Chris Pérez, who had his own band and also performed with another Tejana singer, Shelley Lares, who had once sung backup for Selena. There was a double coincidence in all this, a strange twist of fate that brought both enormous joy and unspeakable pain.

The joy came in 1988, when Selena attended a rehearsal at the invitation of Lares during which Chris played guitar in his inimitable strong lyric style. He sported the same short ponytail then as he did throughout his life with Selena. Chris wore his hair slicked back, which made his handsome jaw and liquid bedroom eyes stand out all the more. The first things people noticed about him were his broad, handsome chest, the easy way he handled his guitar—as if he had been born with it strapped on his very strong shoulders—and that very serious, introspective expression on his face, like that of an artful matador or a flamenco guitarist. The moment she heard him play and watched him strike a pose, Selena knew Chris Pérez would be just the right addition to her band and she con-

Lo Nuestro en 1993. En dos ocasiones, Pete Astudillo y Selena fueron nombrados candidatos a recibir los premios otorgados al Dúo Vocal del Año en el Festival de Música Tejana (en 1993 Astudillo se separó de Selena y de Los Dinos e inició una exitosa carrera por su cuenta). En 1989, la familia Quintanilla también contrató a un joven y talentoso guitarrista, llamado Chris Pérez, que tenía su propia banda y también se presentaba en público con Shelley Lares, otra cantante tejana, que en una oportunidad había actuado acompañando a Selena. En todo esto había una doble coincidencia, una extraña vuelta del destino que trajo a la vez un enorme felicidad y un indecible dolor.

La felicidad llegó en 1988, cuando Selena asistió a un ensayo invitada por Lares. En esta oportunidad Chris tocó la guitarra con su estilo lírico, fuerte e inimitable. Chris lucía el mismo peinado estilo cola de caballo que usaría durante los años en que vivió con Selena. El pelo tirado hacia atrás, hacía resaltar aún más su hermosa mandíbula y la sensualidad de sus ojos. Lo primero que la gente notaba en él era su amplio pecho, la soltura con la cual manejaba su guitarra que parecía parte de su cuerpo y la seria e introspectiva expresión de su rostro, semejante a la de un torero en el ruedo o a

On March 12, 1994, Selena performed with the Barrio Boyzz at the Fanfair to kick off the 14th Annual Tejano Music Awards at San Antonio's Alamodome.

El 12 de marzo de 1994, Selena cantó con los Barrio Boyzz en el Fanfair para celebrar el XIV Premio Anual de la Música Tejana en el Alamodome de San Antonio.

vinced her father to hire him on the spot.

The unspeakable pain that came later might also have been connected in some way to Shelley Lares, although no one could have suspected it at the time. It turns out that before a mysterious woman named Yolanda Saldívar contacted Abraham Quintanilla with a proposal to launch Selena's fan club, she had first contacted Shelley Lares for the same purpose. Shelley Lares turned down Saldívar's offer. Today, Lares is glad that Selena met Chris as a result of her, but she shudders to think what would have happened or how life might have been different for all of them had she accepted Yolanda Saldívar's offer.

While Selena and Chris met in 1988,

la de un guitarrista flamenco. Desde el primer momento en que Chris tomó su guitarra y empezó a tocar, Selena supo que era exactamente el músico que necesitaba agregar a su banda y convenció a su padre de que lo contratara en ese mismo momento.

A pesar de que nadie podría haberlo imaginado entonces, el indecible dolor que habría de llegar más tarde, de alguna manera puede también haber estado conectado con Shelley Lares. Resulta ser, que antes de que una misteriosa mujer llamada Yolanda Saldívar le ofreciera al señor Quintanilla fundar el club de admiradores de Selena, la mujer ya se había acercado a Shelley Lares con el mismo porpósito. Shelley Lares re-

their romance did not bloom until a few years later. They worked in close quarters, traveled together and had an instant and obvious affinity for each other, but a romantic relationship did not evolve immediately. It is important to keep in mind just how old-fashioned and straitlaced Selena's upbringing had been, and that she was considered the baby of the family, in spite of her sexy, sultry stage persona. Those who knew her say that Selena was really two different people or at least two diametrically opposed personalities. One was the vivacious, electric, commanding vocalist who wore silver-studded bustiers and leather pants so tight that at times she seemed almost nude, and who invited comparisons to Madonna and other risqué performers. The other was the sheltered, innocent, down-home girl who rarely went anywhere without a chaperone, either her mother or father or one of her siblings.

San Antonio photographer John Dyer recalled that the first time he photographed Selena for a magazine cover, her mother accompanied her to his studio and sat in the lobby reading a magazine while he and Selena did an all-day shoot. The singer wore black leather and shiny bustiers and insisted on putting on the makeup herself, for a strong and exaggerated effect, which her father had

chazó la propuesta de Saldívar. Ahora, Lares se siente feliz de haber sido la causante de que Selena y Chris se conocieran, pero siente escalofríos al pensar qué hubiera pasado o como hubieran sido diferentes las vidas de todos ellos si hubiera aceptado la oferta de Yolanda Saldívar.

Aunque Selena y Chris se conocieron en 1988 el romance no floreció inmediatamente. Trabajaban cerca el uno del otro, viajaban juntos y sintieron instantáneamente una gran atracción, pero a pesar de todo el aspecto romántico de la relación no se desarrolló de manera inmediata. Es importante recordar lo tradicional y severa que había sido la educación de Selena y que a pesar de su presencia seductora y sensual arriba del escenario, era para su familia una niñita. Quienes conocieron a Selena, dicen que en realidad era como dos personas diferentes o que al menos demostraba tener dos personalidades diametralmente opuestas. Una era su personalidad de cantante vivaz, eléctrica y dominante, que cubría su busto con mallas incrustadas de plata y que usaba pantalones tan apretados que la hacían parecer casi desnuda, por lo cual a veces la gente la comparaba con Madonna o con otras artistas de ese estilo. La otra personalidad era la de una sencilla, pro-

taught her to achieve for the stage but *not* for real life. She painted on her trademark Frida Kahlo eyebrows and her full blood-red lips. She kept touching herself up with powder and rouge every chance she got. To Dyer, Selena's look seemed to contradict her true nature for he could discern nothing hard or sluttish about the girl behind the mask. In fact, everyone who ever worked with Selena always said that she was a true professional. She never com-

tegida e inocente niña que raramente salía sin alguien que la acompañara, ya fuera su madre, su padre, o uno de sus hermanos.

John Dyer, un fotógrafo de San Antonio, recuerda que la primera vez que le tocó fotografiar a Selena para la tapa de una revista Selena fue a su estudio acompañada por su madre quien esperó en el vestíbulo leyendo una revista mientras él y Selena pasaban el día entero trabajando. La cantante usaba corpiños brillantes de cuero negro e insistía en maquillarse ella misma para lograr un efecto fuerte y exagerado que su padre le había enseñado a lograr para el escenario pero *no* para la vida real. Se pintaba las cejas en lo que había llegado a ser su característico estilo a la Frida Kahlo de quien también copiaba los gruesos labios rojos. En cada oportunidad que tenía, retocaba su

Selena and the Barrio Boyzz, a successful pop and rap group, have a few laughs backstage at the 14th Annual Tejano Music Awards held in March 1994.

Selena y Los Barrio Boyzz, un grupo muy popular de música rap y pop, se divierten durante la celebración de los XIV Premios de Música Tejana en marzo de 1994.

© 1995 AL RENDON

plained, even if she had to do ten takes. She was no prima donna. In fact, Selena was downright caring, warm and simply natural.

Selena's favorite food in all the world was double pepperoni thin-crust pizza. So there's nothing strange about the fact that Chris Pérez finally got up the nerve to tell Selena how he felt about her in the summer of 1991 at a Pizza Hut in the Rio Grande Valley. The story goes that he didn't just blurt out that he loved her and was crazy about her and then suddenly held her in his arms. In his respectful, reserved manner, he opened the conversation by merely stating that the way he felt about her was "more than just like friends." Chris was twenty-one at the time, and Selena was only nineteen. But even at nineteen, Selena knew how to make others feel comfortable, and she also believed in being up front. So instead of letting Chris sweat it out and trip all over himself with professions of love, Selena came right out and told him she felt exactly the same about him. The tension was diffused, and the couple smiled and laughed, allowing their pent-up romantic feelings, as deep and as wide as the Rio Grande, to finally wash over them.

But the news was not so well received by the Quintanilla household.

rostro con polvo y con rouge. Según Dyer el aspecto de Selena parecía contradecir su verdadera naturaleza puesto que él no lograba ver nada duro, agresivo ni "de mala vida" detrás de la máscara. En efecto, todos los que en algún momento trabajaron con Selena siempre dijeron que era una verdadera profesional. Nunca se quejaba, aunque fuera necesario repetir las tomas diez veces. No era una prima donna. Por el contrario, Selena era una persona solícita, cálida y de una sencillez natural.

De todas las comidas del mundo la preferida de Selena era la pizza de masa delgada con abundante chorizo. Por lo tanto, no resulta extraño que Chris Pérez finalmente lograra juntar el valor necesario para confesarle a Selena sus sentimientos en el verano de 1991 mientras ambos se encontraban en un Pizza Hut del Valle del Río Grande. Según se cuenta, Chris no se limitó a declararle su amor y su pasión y a tomarla impulsivamente en sus brazos. Por lo contrario, con su manera respetuosa, inició la conversación diciendo que sus sentimientos hacia ella eran "algo más que simplemente amistosos." En esos días Chris contaba veintiún años de edad, y Selena tenía solamente diecinueve. Pero aún a esa edad, Selena sabía como hacer para que los demás se sintieran cómo-

Selena, seen here at the Texas Live Music Festival in San Antonio on April 24, 1994, created an air of excitement and happiness wherever she went.

———

Selena en el Texas Live Music Festival en San Antonio el 24 de abril 1994. Dondequiera que iba, Selena creaba una atmósfera de alegría y felicidad.

Selena and Los Dinos (*from left*): Pete Astudillo, Ricky Vela, Suzette, Joe Ojeda, A.B., Chris Pérez and Selena.

———

Selena y Los Dínos (*de izquierda*): Pete Astudillo, Ricky Vela, Suzette, Joe Ojeda, A.B., Chris Pérez y Selena.

Selena thrills the crowd at the Texas Live Music Festival held at
Hemisfair Plaza in San Antonio on April 24, 1994.

Selena seduce a su público en el Texas Live Music Festival en el
Hemisfair Plaza de San Antonio el 24 de abril de 1994.

When Selena announced to her father that she was in love with Chris and that they wanted to get married, Abraham objected. He reasoned that Selena was still too young to make a lifelong commitment and that a romantic involvement, particularly marriage, would interfere with a brilliant career that was just beginning to blossom.

Marcela seemed more understanding about the couple's feelings—perhaps she realized that Selena had already made up her mind and that in the end no one could stand in the way of her fiery Aries personality. A.B. and Suzette also approved of the union. Chris already felt like a member of the family, so why not make it official? After all, it was the close family unit that had made possible the resounding success of Selena y Los Dinos, so why not make one of the Dinos Selena's real-life guy?

The wedding took place on April 2, 1992. It was a quiet, simple, private affair—the way they both wanted it. The couple dealt with show business every other day of the year, and they wanted no part of it at their wedding. Selena and Chris longed for privacy, romance and a few quiet days to bask in each other's love and company. Selena told her new husband that she wanted to have five children, an idea that surprised

dos, y también creía en ser muy directa y clara. Por eso, en vez de dejar que Chris se las arreglara para expresar sus sentimientos, Selena se adelantó diciéndole que ella sentía exactamente lo mismo hacia él. La tensión desapareció y los dos jóvenes sonrieron y se echaron juntos a reír, permitiendo que los sentimientos que hasta ese momento habían estado contenidos y que eran tan profundos y amplios como el mismo río Grande finalmente los arrastraran.

Pero la noticia no fue tan bien recibida en el hogar de los Quintanilla. Cuando Selena anunció a su padre que estaba enamorada de Chris y de que deseaban casarse, el señor Quintanilla se opuso desde un primer momento. A su parecer, Selena era todavía demasiado joven para tomar una decisión que sería para toda la vida. Además, una relación sentimental, y particularmente el matrimonio, interferiría con la brillante carrera que estaba a punto de florecer.

Marcela Quintanilla parecía entender mejor los sentimientos de la pareja— a lo mejor porque se daba cuenta de que Selena ya había tomado una decisión, y de que a la larga nadie podría ponerse en el camino de su fuerte personalidad Aries. A.B. y Suzette también aprobaron la unión. Chris ya se sentía como un miembro de la familia, y por lo tanto

Chris, who thought so many kids would definitely put a damper on their road life. He said he would be happy with just two. In the end, they decided to postpone the conversation until their performance schedule calmed down a bit and they could kick up their heels and relax for a while.

Had Selena not been felled by an assassin's bullet on March 31, 1995, she and Chris would have celebrated their third anniversary just two days later. Some weeks after his daughter's death, Abraham told a Spanish-language journalist that he had, in fact, initially objected to Selena's marriage to Chris, but that today he considers Chris a true son and the best man Selena could have possibly married.

Chris says that Selena was the one and only for him and that even though he is just twenty-five years old, he can't envision life with another. Selena was the flower and the treasure of his life. Without Selena, Chris knows no joy. Chris believes that this unspeakable tragedy has taught him to appreciate every moment with loved ones. "You never know," he said, "when it will be the last time you see your sister or your wife."

Chris added to Selena's good fortune. If it's true that "everybody loves a

no encontraba razón por la cual no regularizar la situación. Después de todo, el éxito de Selena había sido posible gracias a la unidad familiar y por lo tanto, ¿porqué no convertir a uno de Los Dinos en el marido de Selena en la vida real?

La boda tuvo lugar el 2 de abril de 1992. Fue una ceremonia tranquila, sencilla y privada—como ambos lo habían querido. Los novios se dedicaban al espectáculo todos los días del año y ese día no querían compartirlo con el público. Selena y Chris tenían ansias de privacidad, de romance y de algunos días de quietud para disfrutar del amor y de la mutua compañía. Selena le dijo a su flamante marido que quería tener cinco hijos, idea que sorprendió incluso a Chris, que pensaba que tantos niños impedirían completamente sus giras artísticas. Chris dijo que él se sentiría feliz con tan sólo dos niños. Finalmente decidieron postergar la conversación hasta tanto sus compromisos artísticos les permitieran un poco de calma y pudieran descansar y despreocuparse por un tiempo.

Si la vida de Selena no hubiera sido truncada por una bala asesina el 31 de marzo de 1995, ella y Chris hubieran celebrado su tercer aniversario tan sólamente dos día después. Algunas sem-

Selena was breathtakingly beautiful, "Like the Flower."

———

Selena tenía una belleza incomparable, era *Como La Flor.*

The singer designed this outfit and many others for her boutique and salon, Selena Etc.

———

La cantante diseñó este traje y muchos otros para su boutique y salón de belleza, Selena Etc.

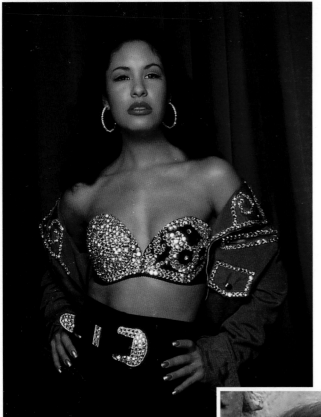

The Madonna of Tejano music wasn't like Madonna at all. She was down to earth and family oriented.

———

La llamaban la "Madonna" de la música tejana, pero no era nada como Madonna. Selena era sencillo y tenía valores familiares.

People Weekly © JAN SONNENMAIR

Selena set an example for Mexican Americans and for all Latinos who loved her as a singer and performer and for the beautiful person she was inside and out.

———

Selena sirvió de ejemplo para todos los mexicanoamericanos y los latinos en general, quienes la adoraban como cantante, como artista y como la bella persona que era por dentro y por fuera.

JOHN DYER

Selena at a 1992 photo shoot with photographer John Dyer.

Selena en una toma fotográfica en 1992 con el fotógrafo John Dyer.

Selena made sexy bustiers (dress bras) her signature, unleashing a fashion trend across the Southwest.

Selena diseñaba bustiers (sostenes de vestir) muy sexy y éstos se convirtieron en su firma y crearon una nueva moda por todo el suroeste norteamericano.

In life and death, Selena introduced millions of Americans to Tejano music. She put south Texas on the musical map.

———

En la vida y en la muerte, Selena introdujo a millones de norteamericanos a la música tejana, y logró poner al sur de Texas en el mapa musical.

JOHN DYER

Beautiful and talented Selena, who accomplished so much in so little time.

———

La bella y talentosa Selena, quien logró tanto en tan poco tiempo.

Selena at the photo shoot for her 1992 album entitled *Entre a Mi Mundo* (*Come into My World*).

Selena en la toma de su album *Entre a Mi Mundo.*

Selena frequently attracted crowds of more than sixty thousand fans to her concerts.

———

Selena atraía a más de sesenta mil admiradores a sus conciertos.

Chris Perez, Marcela Quintanilla, Abraham Quintanilla, Suzette and A.B. The grief never goes away.

Chris Perez, Marcela Quintanilla, Abraham Quintanilla, Suzette y A.B. El dolor no se va jamás.

Selena was stunned by her success. She told *Time* magazine in 1995, "Never in my dreams would I have thought that I would become this big. I am still freaking out."

Selena estaba asombrada de su éxito. Le dijo a la revista *Time* en 1995, "Nunca en mis sueños me hubiera imaginado que me iba a convertir en algo tan grande. ¡Todavía me siento tratornada!"

Selena was born into a proud family of Mexican Americans who have lived on Texas soil for many generations and who have enriched our nation with their cultural traditions.

Selena nació en una orgullosa familia mexicanoamericana, que ha vivido en la tierra de Texas durante muchas generaciones y que ha enriquecido nuestra nación con sus tradiciones culturales.

With her laughter, warmth and song, Selena won the hearts of young and old, Mexican Americans and people of all ethnic backgrounds. She healed the wounds of prejudice through her art and her life.

———

Con su risa, su calor y su canción, Selena se ganó los corazones de los jóvenes y los viejos, de los mexicanoamericanos y de la gente de todas las razas. Sanó las heridas del prejuicio con su arte y con su vida.

Selena at a concert in Brownsville, Texas, in 1993.

———

Selena en un concierto en Brownsville, Texas, en 1993.

Selena had tremendous enthusiasm, energy and charisma. With her love, her voice and her commitment to justice, she changed people's lives forever.

———

Selena tenía tremendo entusiasmo, energía y carisma. Con su amor, su voz y su dedicación a la justicia, cambió la vida de tantos para siempre.

ANTHONY PADILLA/SYGMA

GAMMA LIAISON

Selena sings the songs and A.B. on bass guitar keeps the beat at the Texas Live Music Festival in San Antonio in April 1994.

———

Selena canta mientras que A.B. toca la guitarra en el Texas Live Music Festival, celebrada en San Antonio en abril de 1994.

SUNG PARK/
SYGMA

lover," Selena's fans responded in spades. At first Selena feared that the marriage would tarnish her young, carefree public image and disappoint her many admirers. It turned out to be the opposite. Her marriage enhanced her image, and adoring fans embraced Chris and Selena and looked upon them as the ideal couple.

A year before the wedding, Selena's album *Ven Conmigo* dazzled the Tejano music world and became a hit. Her 1992 recording, "Entre a Mi Mundo," the first of her married life, met with even more

anas después de la muerte de su hija Abraham Quintanilla declaró durante una entrevista con un periodista de habla hispana que, en efecto, él inicialmente se había opuesto a que Selena contrajera matrimonio, pero que en la actualidad considera a Chris como un verdadero hijo y como al mejor hombre que Selena hubiera podido elegir.

En la actualidad Chris dice que Selena fue su gran amor y que a pesar de que tiene solamente veinticinco años no puede imaginarse la vida con otra mujer. Selena fue la flor— y el tesoro—de su vida. Sin Selena Chris no sabe lo que es la felicidad. Chris cree que esta tragedia indecible le ha enseñado a apreciar cada momento transcurrido con los seres queridos. "Nunca se sabe," dijo, "cuando será la última vez que uno verá a la hermana o a la esposa."

Chris contribuyó a la buena suerte de Selena. Los admiradores de Selena parecen confirmar aquello de que "todos aman a quien ama." En un primer momento Selena temió que su boda pudiera opacar su imagen pública de mujer joven y libre y que sus muchos

As soon as Selena made it big, corporations came knocking. By 1994, Selena had landed numerous corporate sponsorships, some with six-figure contracts, leading *Hispanic Business* magazine to rank the singer eighteenth on its list of the richest Latino performers in America in 1994.

———

Tan pronto como Selena logró éxito, las compañías norteamericanas comenzaron a llamarla. Ya en el 1994, Selena había obtenido varios patrocinadores que le ofrecían contratos de muchos miles de dólares. La revista *Hispanic Business* nombró a Selena número dieciocho en la lista de los latinos más ricos de norteamérica en 1994.

CELENE RENO/SYGMA

The sleeve to the CD of Selena's best-selling album *Amor Prohibido* released in 1994.

———

La foto del álbum de gran éxito de Selena, *Amor Prohibido*, que salió en el 1994.

Coca-Cola, whose president and CEO Roberto Goizueta is himself Latino, saw what they "were hoping to find" in Selena. Coke was among the first to offer her an advertising contract.

———

La Coca-Cola, cuyo presidente y CEO, Roberto Goizueta, es también latino, vió "lo que esperaban encontrar" en Selena y fue una de las primeras compañías que le ofrecieron un contrato publicitario.

CELENE RENO/SYGMA

Selena displays one of the awards she received at the 15th Annual Tejano Music Awards held at the Alamodome in San Antonio in February 1995. With the singer is Rudy Treviño, founder of the Tejano Music Awards.

———

Selena despliega uno de los premios que recibió en el XV Premio Anual de la Música Tejana que tuvo lugar en el Alamodome de San Antonio en febrero de 1995. A su lado está Rudy Treviño, creador de los Premios de Música Tejana.

© 1995 AL RENDON

success and marked the singer's entry into Latin pop. In early May 1992, Selena captivated an audience of Los Angelenos at the L.A. Fiesta Broadway, the biggest Fifth of May celebration in America, and California was hooked.

Selena's career turned a critical corner in November 1993, when the entertainer landed a recording contract with EMI Latin's sister label, SBK Records, as the English-language company's third crossover artist after Jon Secada and the Barrio Boyzz. It all started when SBK hired a man by the name of José Behar and issued an important mandate to him: "Go out and find the next Gloria Estefan." Soon after Behar saw Selena perform at the Tejano Music Awards, he knew instinctively that she was "it." He had found the next Gloria Estefan. (Not surprisingly, crossover artist Gloria Estefan was one of Selena's heroes. In fact, a picture of Gloria is featured prominently on the mantelpiece in Selena's home.) José Behar, who today is EMI label president, essentially opened the back door for Selena, the same door that many Latino artists have been forced to go through to achieve stardom in mainstream English-speaking America. Amazingly, Selena had almost gone through the front door because she had originally been signed by EMI as an

admiradores se sintieran desilusionados. Ocurrió todo lo contrario. Su matrimonio agrandó su imagen, y el público que la adoraba abrazó a Chris y Selena y los vió como a la pareja ideal.

Un año antes de la boda en 1991 el álbum *Ven Conmigo* de Selena deslumbró al mundo de la música tejana y fue un éxito instantáneo. En 1992, su grabación "Entre a Mi Mundo," la primera que realizó como mujer casada, tuvo aún más éxito y marcó la entrada de la cantante al pop latino. A principios de mayo de 1992, durante la celebración del 5 de mayo en el local Fiesta Broadway de Los Angeles, Selena cautivó a la audiencia reunida en el lugar y el estado de California cayó en las redes de su encanto.

El mes de noviembre de 1993 marca un punto importante en la carrera de Selena. Ese mes la cantante firmó un contrato con la compañía de habla inglesa SBK Records asociada con la EMI Latina pasando a ser la tercera artista compartida por ambas compañías después de Jon Secada y Los Barrio Boyzz. Todo comenzó cuando la SBK le encomendó a un hombre llamado José Behar que: "Saliera a buscar a la próxima Gloria Estefan" y "no por pura coincidencia, Gloria Estefan, la otra artista compartida por las dos compañías, era

English-language artist, but then she struck gold in Tejano music. By 1994, the singer had come full circle with SBK and was poised to take mainstream America by storm. Selena was ecstatic over the future. She could only describe the feeling with the words "I'm freaking out on all the excitement!"

*N*ineteen ninety-four was all it promised to be and much more. On February 27, 1994, Selena performed in a flashy pearl-studded bustier, cowboy pants and white boots before 61,948 spectators at the Houston Livestock Show and Rodeo—the first time a Tejana had ever drawn a crowd that size. In late February 1994, with her Dino at her side at Radio City Music Hall in New York City, Selena was honored with a Grammy Award for Best Mexican American Album for her 1993 recording *Selena Live*. Then on March 13, 1994, at the 14th Annual Tejano Music Awards in San Antonio's Alamodome, hosted by comedian George López and actress Michelle Campos

una de las heroínas de Selena. En efecto, en la repisa de la chimenea del hogar de Selena figura en lugar destacado una fotografía de Gloria Estefan." José Behar, hoy en día presidente de la compañía EMI le abrió a Selena "La puerta trasera," la misma puerta que debieron cruzar muchos artistas latinos para poder llegar al estrellato en el seno del público general de habla inglesa de los Estados Unidos.

Sorprendentemente, Selena estuvo a punto de entrar por la "puerta grande" dado que originalmente había sido contratada por EMI como una artista de habla inglesa, pero fue precisamente entonces cuando tuvo su gran éxito en el ambiente de la música tejana. Hacia 1994 la cantante había completado una etapa con SBK y se aprestaba a atacar a la totalidad del país. Selena estaba extática con el futuro. Solamente podía describir su sentimiento diciendo "¡Me estoy volviendo loca de entusiasmo!"

*D*urante 1994 se cumplieron todas las promesas y mucho más. El 27 de

At the 1995 Tejano Music Awards, Selena (with the mariachi band Los Caporals) was honored with six awards, including her eighth for Female Entertainer/Vocalist of the Year. She wore the purple pants suit with the quilted top that she was laid to rest in just weeks later.

———

En los Premios de Música Tejana, Selena (en la foto con los mariachis Los Caporals) fue honrada con seis premios, incluyendo su octavo premio por mejor cantante femenina del año. Vestía un traje púrpura con una chaqueta enguatada—la misma en que la enterraron unas semanas más tarde.

Green of TV's *L.A. Law,* Selena captured awards for Album of the Year for *Selena Live,* for Female Entertainer/Vocalist of the Year and for Best Tejano International. Selena fans in 120 countries tuned in to the awards that year to watch their idol by satellite link. At the Fanfair to showcase Tejano talent that was held the day before the awards ceremony, Selena took the stage with the Barrio Boyzz and performed

febrero de 1994, Selena vestida con un corpiño incrustado de perlas, pantalones de vaquero y botas blancas, actuó delante de 61,948 espectadores en el en un espectáculo que tuvo lugar durante el rodeo de ganado que se realiza anualmente en la ciudad de Houston—fue la primera vez que una cantante tejana había atraído a una multitud de esa magnitud. A fines de febrero con su "Dino" a su lado, Selena fue honrada en el Radio City Music Hall de Nueva York con un premio Grammy al mejor album mexicanoamericano por su grabación *Selena Live* realizada en 1993. Posteriormente el 13 de marzo durante la entrega anual de premios a la música tejana en el Alamodome de San Antonio, donde actuaban como anfitriones el comediante George López y la actriz Michelle Campos Green del programa *LA Law,* Selena recibió el premio al álbum del año por *Selena Live,* el pre-

rousing numbers before a huge crowd.

Nineteen ninety-four was also the year Selena released her recording *Amor Prohibido,* with its upbeat tunes like "Bidi Bidi Bom Bom," and "El Chico del Apartamento 512" and the hit mariachi song "No Me Queda Más." Suddenly all of Latin radio was captivated by Selena's sound, and it wasn't just Tejano music stations that were playing her songs. Nor was it just Texas and the Southwest that were listening in 1994. In Puerto Rico, Mexico City, Caracas, Buenos Aires, Los Angeles, Miami and New York, Latin music fans were awakening to the realization that a star, a great shining star, had been born—and they were madly in love! Corporate sponsors were also in love. That year Selena landed a six-figure contract to promote hair products with the Dep Corporation, leading *Hispanic Business* magazine to estimate her net worth at five million dollars and to rank the singer eighteenth on its list of the richest Hispanic entertainers in America.

The next year promised to be an even bigger one for the Tejano music idol. In early 1995, Selena again packed them in at the Houston Livestock Show and Rodeo—61,041 fans turned out for what would be Selena's last live performance. By then, offers were coming

mio a artista y cantante del año y el premio a la mejor música tejana internacional. Los admiradores de Selena pertenecientes a 120 países del mundo siguieron la ceremonia de entrega de premios para ver a su ídolo. En la Fanfair montada para presentar el talento tejano que se realizó el día anterior a la entrega de premios, Selena subió al escenario con Los Barrio Boyzz e interpretó canciones que entusiasmaron al numeroso público presente.

El 1994 fue también el año en que Selena dió a conocer su álbum *Amor Prohibido,* con canciones rítmicas (upbeat) como "Bidi Bidi Bom Bom," y "El Chico del Apartamento 512" y el éxito mariachi "No Me Queda Más." Repentinamente todas las radios latinas fueron cautivadas por la música de Selena, y no fueron solamente las estaciones de radio tejanas que transmitían su música. No fue solamente en Texas y el sudoeste que la escuchaban en 1994. En Puerto Rico, en la ciudad de México, Caracas, Buenos Aires, Los Angeles, Miami y Nueva York, los admiradores de la música latina advirtieron que una estrella, una gran y brillante estrella, había nacido—¡y que estaban locamente enamorados de ella! Los representantes comerciales también la amaban. Ese año Selena firmó un contrato para promover

Selena with sexy salsa artist Luis Enrique.

———

Selena con el sensual cantante Luis Enrique.

from New York, L.A. and Mexico on a daily basis. Her recording *Amor Prohibido* was nominated for a Grammy that year, but Selena lost to Vikki Carr. No matter: The CD became an overnight sensation. By March 1995, Selena had sold more than four hundred thousand copies of *Amor Prohibido,* already far and away the best-selling Tejano record of all time. That year, Selena dominated the 15th Annual Tejano Music Awards, garnering six awards, including the eighth of her career for Female Entertainer/Vocalist of the Year.

In early 1995, as Selena concentrated on putting together her English-language debut album, the mainstream American music scene awoke to her talent. That spelled big time. José Behar, sensing mainstream music's rising excitement over the star, scheduled Selena's first English-language release on the SBK label for the summer of 1995. Sadly, Selena was murdered before the English-language debut album was completed. It would virtually have guaranteed her official crossover, and it promised to carry her to heights beyond even her wildest dreams.

Fortunately for her fans, the singer had recorded four tracks for the album in studios in Los Angeles, Nashville and Corpus. After Selena's death, a revised

productos para el cabello con la Dep Corporation, la revista de vanguardia *Hispanic Business* estimó su valor neto a cinco millones de dólares y corría en el dieciochoavo lugar en el ranking de los artistas hispánicos más ricos.

El año 1995 prometía ser un año aún mejor para la ídolo de la música Tejana. A principios de 1995, Selena llenó nuevamente el Show de Rodeo y Ganado en la ciudad de Houston, con 61,041 admiradores que se aglomeraron en lo que se convertiría en la última aparición de Selena frente al público. En esos momentos, las ofertas llegaban diariamente desde Nueva York, Los Angeles y México. Ese año su grabación *Amor Prohibido* fue nominada para un premio Grammy, pero Selena perdió frente a Vikki Carr. No importó; el disco compacto se convirtió en un éxito de la noche a la mañana. Para marzo de 1995 Selena había vendido más de cuatrocientas mil copias de "Amor Prohibido," ya por mucho la grabación tejana más vendida de todos los tiempos. Ese año, Selena dominó el quinceavo evento del Premios a la Música Tejana, recibiendo seis premios, incluído el octavo de su carrera por La Cantante del Año.

A comienzos de 1995, mientras Selena organizaba su debut con un álbum en inglés, el centro de escena de la

Selena made her Hollywood debut in a cameo role as a singer in a mariachi band in the 1995 box-office hit *Don Juan DeMarco,* starring Marlon Brando, Faye Dunaway and Johnny Depp. Selena was thrilled to meet Marlon Brando and remarked that he was a great man, a bit flirtatious, but in a respectful, gentlemanly way.

———

Selena hizo su debut en el cine norteamericano en un pequeño papel como cantante en un conjunto mariachi en la película *Don Juan DeMarco,* con las estrellas Marlon Brando, Faye Dunaway y Johnny Depp. A Selena le fascinó conocer a Marlon Brando y dijo que era un gran hombre, un poco coqueto, pero de una forma respetuosa y caballeresca.

AP/WIDE WORLD PHOTOS

album entitled *Dreaming of You* featuring the four cuts was put together. It was scheduled for release on July 18, 1995. In mid-June of 1995, the single "I Could Fall in Love" from *Dreaming of You* was aired on radio stations across

música americana percibió su talento. Esto significó una gran oportunidad; José Behar, advirtiendo la conmoción que la estrella producía en este grupo, proyectó el lanzamiento para el verano de 1995 del primer álbum de Selena en

the nation. Selena fans and people who had never before heard the singer went wild, calling up the stations with requests to hear the song over and over. In a single day it seemed as if Selena had crossed over.

One bonus of Selena's crossover status was that even Hollywood began to take notice. Selena was cast in a cameo role as a singer in a mariachi band in the 1995 box-office hit *Don Juan DeMarco*, starring Marlon Brando, Johnny Depp and Faye Dunaway. It wasn't the first time she had acted. In 1994, the queen of Tejano music had appeared in the Mexican soap opera *Dos Mujeres un Camino*, which aired on Univision Television. But the *Don Juan DeMarco* part, her Hollywood debut, was the performer's dream come true. Both Selena and Chris believed that she would soon be adorning the Hollywood marquis much like Rita Hayworth, Dolores Del Río, Lola Montez and other Latina greats of Hollywood's golden age.

Selena was delighted to meet and work with Marlon Brando. She reportedly told Suzette that the veteran actor was actually a little flirtatious, but in a respectful, gentlemanly way. Two months after Selena died, her father still could not bring himself to watch *Don Juan DeMarco*. He knows how much it

inglés bajo la marca SBK. Repentinamente Selena fue asesinada antes que el álbum estuviera terminado. El álbum habría virtualmente garantizado la conquista del "otro grupo" del gran público de habla inglesa, y el mismo prometía llevarla hacia alturas que superarían todos sus sueños.

Afortunadamente para sus admiradores, la cantante ya había grabado cuatro canciones para ésta álbum en estudios de Los Angeles, Nashville y Corpus. Después de su muerte, se hizo un álbum titulado *Dreaming of You* con los cuatro temas incluídos. Este álbum saldría a la venta el 18 de julio. A mediados de junio una grabación de "I Could Fall in Love" de *Dreaming of You* fue escuchado por radio en todo el país. Los admiradores de Selena y aún aquellos que nunca la habían escuchado, enloquecieron y llamaron a las estaciones requeriendo escuchar la canción una y otra vez. Pareció que Selena había conquistado "al otro lado" en un solo día.

Una de las pruebas de que Selena había conquistado "al otro lado" fue que hasta Hollywood comenzó a interesase. En el éxito *Don Juan DeMarco,* con Marlon Brando, Johnny Depp y Faye Dunaway, Selena fue lanzada en un papel de cantante de una banda de mariachis. No fue la primera vez que ella

Selena with Emilio Estefan, Gloria Estefan's husband, manager and producer, at an awards ceremony in Florida in 1993.

———

Selena con Emilio Estefan, el esposo, manager y productor de Gloria Estefan, durante una ceremonia de premios en la Florida en 1993.

BARBARA LAING/BLACK STAR

Selena and MTV star Daisy Fuentes in 1993.

———

Selena con la popular estrella de MTV Daisy Fuentes, en 1993.

BARBARA LAING/BLACK STAR

meant to Selena to land that role, and he couldn't bear the thought of watching the film without her.

*H*ow did success change Selena? That's one of the first questions that come to mind when people hear the Tejano music idol's rags to riches story, of how in 1986 the Quintanilla family was still struggling in cantinas, wondering where their next enchiladas would come from but that in 1994 Selena y Los Dinos were worth five million dollars. Not only were Selena's records and performances sellouts; with her entrepreneurial and creative genius the singer had successfully launched her salon and boutique, Selena Etc., Inc., in both Corpus Christi and San Antonio. Selena, who had an eye for fashion, designed much of the clothing and jewelry for sale, including the bustiers that were the rage in south Texas.

The answer to How did success change Selena? is: surprisingly little. When the first money started rolling in, Abraham insisted that the family plow it

actuó. En el año 1994 por Univisión, la reina de la música tejana apareció en la telenovela mexicana *Dos Mujeres un Camino*. Pero su parte en *Don Juan De Marco* y su presentación en Hollywood fueron un sueño hecho realidad. Tanto Selena como Chris creían que pronto ella adornaría las portadas de Hollywood como lo habían hecho Rita Hayworth, Dolores del Río, Lola Montez y otras grandes estrellas latinas de la edad de oro de Hollywood.

Selena estaba encantada de conocer y trabajar con Marlon Brando. Varias veces le comentó a Suzette que el viejo actor era un poco seductor, pero muy respetuoso y caballeresco. Dos meses después de el fallecimiento de Selena, Abraham Quintanilla todavía no podía ver *Don Juan DeMarco*. El sabía cuanto había significado para Selena ese papel, y él no soportaba la idea de ver la película sin ella.

¿Cambió el éxito a Selena? Esta es una de las primeras preguntas que la gente se hace cuando escucha la historia de la ídolo de la música tejana. En 1986 la familia Quintanilla actuaba en las cantinas, preguntándose de donde saldrían las próximas enchiladas, pero en 1994 Selena y Los Dinos tenían un valor de cinco millones de dólares. No solamente sus grabaciones y presentaciones

Selena never turned her back on her fans and happily signed autographs whenever she was approached.

———

Selena nunca les volvió la espalda a sus admiradores y firmaba autógrafos cada vez que alguien se lo pedía.

CELENE RENO/SYGMA

back into buying better musical equipment. A wise manager, Abraham believes you put your money where your mouth is. When the next wave of money poured in, the Quintanillas bought two top-of-the-line Silver Eagle coaches, customized to fit Selena's needs. The band traveled in one while Selena and her family traveled in the other. The buses were a great luxury—especially compared to the beat-up dented bus with the busted exhaust pipe they had made their start in—but they were a luxury intended for their work. When the really big money finally rolled in like a tidal wave and Selena found herself with more hundred-dollar bills in her hands in one sitting than she had

en público se vendían; con su creatividad comercial la cantante había logrado el éxito con sus salones de belleza y tiendas de ropa, Selena Etc., Inc., en Corpus Christi y San Antonio. Selena, que tenía ojo para la moda, diseñaba la mayoría de las joyas y ropa para vender, incluídos los *bustiers,* ó sostenes ó corpiños de vestir, que eran lo último de la moda en el sur de Texas.

La respuesta a la pregunta ¿cambió el éxito a Selena? es: Muy poco. Cuando el primer dinero comenzó a llegar, Abraham Quintanilla insistió a su familia que había que reinvertirlo en la banda y comprar un mejor equipo musical. El señor Quintanilla, perspicaz administrador, cree que el dinero hay que pon-

ever seen in her entire life—even in the movies—she decided it was time to buy real estate.

But as everyone who met her knew, Selena was a girl of the people. She and her family lived in a modest home built in the early 1980s on Bloomington Street in Molina, a traditional working-class Tex-Mex neighborhood on the west side of Corpus Christi, where murals decorate the walls and the scent of frying tortillas permeates the morning air. And that is just where Selena wanted to stay. With her newfound fortune, the entertainer bought her parents the very brick house they had been renting all through the years. Then Selena purchased the two-story brick house next door at 709 Bloomington Street for herself and Chris, as well as the house on the other side of her parents' home for A.B., his wife Vangie, and their small children, Martika and S'vani Ré. After Selena's death, neighbors fondly recalled how the performer would play with pet dogs, a mastiff and husky, in her yard when she returned from a road tour and how she would wash her car right there in the driveway.

It didn't make any sense to Selena to relocate to a more upscale neighborhood in Corpus. Despite her millionaire status, she didn't see any reason to abandon

erlo donde dé de comer. Cuando llegó la siguiente entrada de dinero, compró dos de los mejores vehículos Silver Eagle, fabricados especialmente para satisfacer las necesidades de Selena. La banda viajaba en uno de los vehículos y Selena y su familia en el otro. Los camiones eran lujosísimos—especialmente en comparación al viejo, golpeado y ruidoso camioncito en el que la familia se había lanzado al estrellato—pero era un lujo para rendir mejor en el trabajo. Cuando el dinero llegó a lo grande, como un maremoto, Selena se encontró de una sentada con más cientos de dólares en sus manos de los que había visto en su vida—ni siquiera en las películas. Entonces decidió que era el momento de comprar propiedad inmueble.

Pero como todos los que la conocieron sabían, Selena era una chica de pueblo. Ella y su familia vivían en una modesta casita hecha a comienzos del año 1980 en la calle Bloomington de Molina, un vecindario tradicional de la clase trabajadora tejanomexicana en la parte oeste de Corpus Christi, donde los murales decoraban los muros y el volátil olor a tortillas frecas inundaba el aire mañanero. Allí mismo era donde Selena quería vivir. Con su nueva fortuna, la cantante compró a sus padres la misma casa de ladrillo que habían alquilado du-

her roots, her home, the place where she felt comfortable. Selena did not want to move to some fancy place far from her neighbors, the people who loved her and supported her, who counted her as one of their own. And it didn't make any sense to live too far away from her parents, either. Suzette and her husband, Billy Arriaga, felt the same way, and they also stayed in the neighborhood and bought a house just a few blocks away.

Marcela and Abraham Quintanilla didn't refurbish their home after Selena y Los Dinos made it big, except for displaying more photographs and souvenirs from their travels and from Selena's many successes, including videos, press clippings, awards and even fan letters. Suzette and Billy chose Southwest decor with some pretty Santa Fe-style touches for their home. Chris and Selena decorated theirs in a sleek modern style, with black-leather couches and lots of wonderful chrome and mirrors. They filled the walls and bookshelves with photographs and other mementos. Their stereo system sat like an altar to the couple's great passion: Music, music and more music. Often Chris surprised Selena with her favorite flowers, long-stemmed white roses, and even after almost three years of marriage, the

rante años. Selena compró para ella y Chris la casa de ladrillos ublicada justo a un lado de la de sus padres, en el 709 de Bloomington y también la casa al otro lado de la de sus papás para A.B., su esposa Vangie y sus pequeños, Martika y S'vani Ré. Después de su muerte, los vecinos recordaban como la estrella jugaba con sus perros, un mastiff y un husky, en su jardín, al volver de sus giras y como lavaba su carro en la entrada de su casa.

No tenía ningún sentido para Selena mudarse a un barrio más caro en Corpus. A pesar de ser ahora millonaria, Selena no veía razón alguna para abandonar sus raíces, su hogar, el lugar donde se sentía más cómoda. No quería vivir en un sitio elegante, lejos de sus vecinos, de la gente que la amaba y la apoyaba, que la veía como una de los suyos. Y tampoco tenía sentido para ella vivir demasiado lejos de sus padres. Suzette y Billy Arriaga, su esposo, sentían lo mismo que Selena y tampoco queriendo alejarse del barrio, compraron una casa a pocas cuadras de distancia.

Marcela y Abraham Quintanilla no realizaron grandes cambios en su casa cuando Selena y Los Dinos alcanzaron la fama y la riqueza. El único cambio visible en el hogar fue el despliegue aún mayor que antes, de fotografías y re-

singer was still visibly moved every time she received a bouquet.

Selena also kept drawers full of her fashion designs, which she would discuss with designer Martín Gómez, whom she had put in charge of her clothing line. At the time of her murder, Selena and Chris had been planning a fragrance bearing the singer's name. She had wanted it to be clean and fresh but sultry at the same time—a perfect signature for what the precious Selena was all about. Selena and Chris also had plans in the works to build and move into a second house on the outskirts of town, just so they could get a little more privacy once in a while. Selena's fans knew her address, and the performer's popularity was beginning to rob her of some valued quality time with her husband. The new house would be ready in August 1995, but only Chris would be there to witness its completion.

Once she had taken care of her family, Selena finally felt ready to indulge herself. Chris had to be the one to insist, but Selena gave in happily: She bought herself a fire-engine-red Porsche Carrera. It was her dream car. It expressed all the passion, high spirits and love for beauty and design that Selena had inside her. It made her feel cool and free. She loved taking rides with Chris out in the

cuerdos de sus viajes y los éxitos de Selena, incluyendo videos, recortes de periódicos y revistas, premios y hasta algunas veces cartas mandadas por algunos de los admiradores de Selena y del grupo musical. Suzette y Billy Arriaga eligieron para su hogar una decoración al estilo del sudoeste y agregaron algunos detalles típicos de Santa Fé. Chris y Selena, a su vez, decoraron su casa en un estilo elegante y moderno, con sillones de cuero negro, una abundancia de detalles y adornos cromados y espejos. También ellos llenaron sus paredes y estantes con fotografías y recuerdos. El equipo estereofónico de la pareja era como una especie de altar a la gran pasión que compartían: Música, música y más música. Con frecuencia, Chris solía sorprender a Selena con las rosas blancas de largo tallo que eran sus preferidas. Todavía casi tres años después de haberse casado, la cantante solía conmoverse visiblemente cada vez que recibía un ramo.

Selena también tenía cajones llenos de diseños de modas que guardaba para mostrárselos al diseñador de modas Martín Gómez, al quien había puesto a cargo de su línea de ropa. Cuando Selena fue asesinada, ella y Chris estaban planeando la producción de un perfume que llevaría el nombre de la cantante.

country and stopping by the beach with a soda pop and a bag of tortillas with the breeze blowing in her hair, singing the fast and happy "Bidi Bidi Bom Bom" or some other upbeat number from her own famous repertoire, or playing her favorite cassettes of friend and mentor Roberto Pulido, Latino heartthrob Luis Enrique, Gloria Estefan, Emilio Navaira, La Mafia, Hometown Boys, David Lee Garza and numerous other groups whom she admired and counted among her friends.

Selena had a passion for adventure mixed with a little bit of risk taking. She loved to go tobogganing and parasailing and to ride her motorcycle, a Ninja Kawasaki. Selena had even planned on getting a Harley-Davidson Softail Springer some day. Once the singer even went bungee jumping on a dare. Selena found it hard to turn down a dare, but she decided the bungee jumping had gone a bit too far ("It was too scary!" she said) and vowed never to try it again. The challenges that her celebrity life presented were exhilarating enough for her—and for those, Selena was always ready to take the plunge.

Selena also had a passion for fast food. Not only did she crave double pepperoni thin-crust pizza but she was also so fond of tortilla chips that at home

Ella quería que tuviera una fragancia limpia y fresca, pero que al mismo tiempo fuera un perfume seductor—tal vez sin proponérselo la artista quería lanzar al mercado un perfume que tuviera las mismas cualidades que ella. Selena y Chris también planeaban construir otra casa en las afueras de la ciudad, que les sirviera cada tanto como un refugio de la popularidad que los envolvía cada vez más. Los admiradores de Selena conocían la dirección de su casa y la fama de la cantante le empezaba a robar parte del tiempo que quería dedicar a su esposo. La nueva casa estaría lista para agosto de 1995, pero solo Chris llegaría a verla completamente terminada.

Después de asegurar la situación de su familia Selena finalmente se sentía dispuesta a darse algunos gustos. Chris debió insistir un poco pero Selena no tardó en dejarse convencer: Una de sus adquisiciones fue un Porsche Carrera del mismo color que los vehículos de los bomberos. Era el carro de sus sueños. Expresaba toda la pasión, espíritu y amor a la belleza y al diseño que Selena tenía dentro de sí. La hacía sentirse serena y feliz. Le encantaba salir a pasear en el carro con Chris y detenerse en la playa con una soda y una bolsa de tortillas, dejando que el viento le desorde-

Selena, flanked by her parents and Suzette, signs photographs at a restaurant in San Antonio.

———

Selena, acompañada por sus padres y Suzette, firma autógrafos en un restaurante en San Antonio.

© 1995 AL RENDON

Chris and Selena had "His" and "Hers" tortilla chip bags so neither could accuse the other of eating all the chips. Selena also loved refried frijoles and sausages straight from the can. A friend once reminded the singer that with her fame and fortune she could afford to eat steak every day, and Selena kidded him back by saying that she didn't want to get too used to the good life. She never forgot where she came from and, actually, she was perfectly happy with simple food. Her stage life was so demanding that she could probably have eaten a whole Texas steer and still stayed fit and trim, wearing those midriff-bearing bustiers and showing off a totally perfect body. The word "diet" was not part of Selena's vocabulary.

nase sus cabellos, mientras cantaba "Bidi Bidi Bom Bom," esa canción rápida y feliz, o cualquier otra de las canciones que la habían hecho famosa. A veces también le gustaba escuchar algunos cassettes de su amigo y mentor Roberto Pulido, del apuesto cantante latino Luis Enrique, de Gloria Estefan, Emilio Navaira, La Mafia, Los Hometown Boys, David Lee Garza, o de uno de los numerosos conjuntos que admiraba y a cuyos integrantes consideraba como amigos suyos.

Selena tenía una pasión por la aventura que se mezclaba con una leve inclinación al riesgo. Le gustaba enormemente sentir las emociones que brinda el tobogán gigante, o sentirse suspendida en el aire colgada de un Ala Delta, espe-

Dining out on the town at Tex-Mex cantinas with homey fare was a fun time for Selena and Chris. The couple would often appear at local restaurants in Corpus, either at a Tex-Mex place or a Pizza Hut, and immediately heads would turn. They liked going to Rose Villareal's Las Cazuelas Lounge, a warm Latino gathering place that attracts many famous singers from Mexico, Spain and Latin America. Chris and Selena would always walk in hand in hand. Chris usually appeared reserved while Selena flashed her smile and then proceeded to order and laugh and converse with those around her like she was just having a family dinner. Folks in Corpus Christi tried to respect the couple's privacy, but sometimes it was hard, especially when Selena, a larger than life idol whom they felt they knew and whose songs were constantly playing in their houses, just plain appeared in front of them with her sassy walk and her happy, vivacious eyes and that contagious laughter that made you want to giggle even if you didn't know what the joke was all about. Selena never refused to sign an autograph, and she never turned her head or pretended not to hear. Wherever she was, she was there, really there. She always saw the good in people and she trusted a lot.

cialmente sobre el mar. También le gustaba correr en su motocicleta, una Ninja Kawasaki. Selena incluso había planeado comprar algún día una Harley Davidson Softail Springer. Le costaba renunciar a un desafío—aún así, consideraba que el nuevo deporte de moda, el *bungee,* iba un poco demasiado lejos ("¡Sentí demasiado miedo!" dijo después de probarlo una vez), y se prometió no volver a repetir la experiencia. Los desafíos que le presentaba su vida de artista célebre eran suficientes—y cuando se trataba de enfrentar uno de esos riesgos, Selena estaba siempre lista.

Selena tenía también una pasión por las comidas rápidas ya preparadas. Además de su afición a la pizza, su inclinación a devorar chips de tortilla era tan seria que en su casa, ella y Chris tenían cada uno bolsas particulares marcadas con etiquetas para evitar que uno de los dos pudiera acusar al otro de haberse comido todos los chips. Le gustaban además los frijoles refritos y las salchichas que comía directamente del bote. En una ocasión una amiga le recordó que con su fama y fortuna podía darse el lujo de comer biftec todos los días, a lo cual Selena contestó diciendo que no quería acostumbrarse demasiado a la buena vida. Nunca se olvidó de sus humildes orígenes, y la

Selena always parked her red Porsche in full view right outside her humble brick house. Even after she became a superstar and the multitudes thronged her and threw themselves at her feet just to take a little bit of Selena away with them, she never pushed her fans away. Selena was just naturally loving. And she was naturally trusting. Perhaps too trusting. Perhaps it was this very virtue that made her vulnerable to the evil that lurks in the world and walks to and fro about the earth. ♥

verdad era que se sentía completamente feliz comiendo las comidas más sencillas. Las exigencias de su vida artística eran tan enormes que la habrían mantenido delgada y esbelta, y aunque hubiera comido vacas enteras podría haber seguido luciendo con elegancia los trajes de escena que dejaban al descubierto su talle perfecto. La palabra "dieta" no formaba parte de su vocabulario.

Salir a comer comida casera en las cantinas donde se mezclaba el estilo culinario de México con el de Texas, era una de las diversiones de Selena y de Chris. La pareja frecuentemente llamaba la atención de los parroquianos en algunos de los restaurantes de Corpus Christi o en uno de los Pizza Hut de la ciudad. Le gustaba mucho el local Las Cazuelas, perteneciente a Rose Villareal, porque el lugar atraía a los latinos y a muchos artistas famosos de México, España y Latinoamérica. Chris y Selena siempre caminaban tomados de la mano. Chris por lo general tenía un aspecto reservado, pero Selena sonreía y ordenaba la comida mientras reía y conversaba con los demás clientes como si se encontrara en medio de una reunión familiar. La gente de Corpus Christi trataba de respetar la vida privada de la pareja, pero a veces era difícil, especialmente cuando veían a Selena tan feliz y vivaz con su

risa contagiosa. A pesar de ser alguien tan excepcional transmitía un sentimiento de familiaridad. Selena nunca se negaba a firmar un autógrafo y nunca miraba hacia otro lado ignorando a la gente. Dondequiera que estuviera, su presencia era total. Siempre veía lo que había de bueno en cada persona y confiaba mucho en la gente.

Selena estacionaba su Porsche rojo a plena vista, delante de su modesta casa de ladrillos. Nunca trató de alejar a sus admiradores, ni siquiera después de haber llegado a ser una gran estrella y cuando las multitudes la rodeaban arrojándose a sus pies para tratar de llevarse aunque fuera solamente algo así como un pequeño trozo de Selena. La cantante sentía un cariño y una confianza natural hacia todos. Tal vez confiaba demasiado. A lo mejor era precisamente ese rasgo suyo lo que la hacía tan vulnerable frente a la maldad que existe en este mundo. ♥

The Dark Side of the Moon

El reverso de la luna

The name Selena comes from the word "selenite," or "moonstone." Sometimes the moon, which usually shines bright and dazzles the night, illuminating the earth, goes into hiding, into what astronomers call a lunar eclipse. When this happens, the whole earth is covered by a black velvet cape, and suddenly the lights go out all over the world.

For most mortals, it's hard to predict when there will be a lunar eclipse, when the moon will turn on its other side. Only astronomers know. And perhaps fortune-tellers. There is a man in Los Angeles, a man who chooses to remain nameless, who placed a telephone

Selena es un nombre que viene de la palabra "selenita," que significa piedra o habitante de la luna. A veces, la luna, que por lo general brilla e ilumina las noches, desaparece de pronto en lo que los astrónomos llaman un eclipse lunar. Cuando ocurre este fenómeno, el mundo entero queda cubierto por una capa de terciopelo negro y de manera repentina se apagan todas las luces del mundo.

A la mayoría de los mortales nos resulta difícil predecir cuándo va a ocurrir un eclipse lunar, cuándo la luna se va a dar vuelta y nos va a mostrar su lado desconocido. Solamente los astrónomos

call to a popular Spanish-language radio talk host in Los Angeles after Selena's murder. He was weeping on the phone. He felt remorse because he had intuited that the moon would turn over on its side, and he felt he hadn't done enough to warn Selena.

This caller is a professional bodyguard. He had worked for a Los Angeles company that provides security for big celebrities like Madonna. He is a Latino and he loves Selena. He had been following her career. He had watched her get close to the crowds. He had seen how she refused to erect barriers; how she didn't believe in keeping people away. And he had offered his services. He had warned Selena that she needed protection, that she had gone up a whole new notch, that a celebrity of her status needed to be sheltered from the storm. But Selena had refused him, saying that she belonged to the people and that she didn't want to build a fence between herself and her fans. When the big burly man, a bodyguard, called radio host Amalia González, he was sobbing. Had he only pushed harder, had he only managed to convince Selena that at this point in her career she needed protection, she needed someone to separate the wheat from the chaff, the evil from the good, she might be alive today.

saben cuando va a ocurrir. Tal vez también lo sepan los adivinos. En Los Angeles vive un hombre, un hombre que prefiere no dar su nombre, que después del asesinato de Selena, llamó por teléfono al conductor de un conocido programa de la televisión hispana. El hombre lloraba y decía que le remordía la conciencia porque había intuído que la luna se iba a dar vuelta del otro lado y él no había alcanzado a advertir a Selena del peligro que corría.

El hombre que hizo el llamado telefónico es un guardaespaldas profesional que trabajó con una compañía de Los Angeles que se encarga de la protección de artistas célebres como Madonna. El hombre además es un latino que amó a Selena y había seguido todos los pasos de su carrera. La había visto acercarse a las multitudes, había visto como se negaba a que se levantaran barreras para mantener alejada a la gente. El hombre había ofrecido sus servicios. Le había advertido a Selena que necesitaba protegerse, que ahora su situación era distinta de lo que había sido antes y que una celebridad como ella necesitaba refugiarse de la tormenta. Pero Selena lo había rechazado, diciendo que ella pertenecía a la gente, que no quería levantar una cerca que la separara de sus admiradores. Cuando el hombre, que era

Selena and Chris at a charity softball game in August 1993 that pitted Selena y Los Dinos against DJs from local radio stations. Some in the crowd who gathered to watch the event belonged to the Selena Fan Club, which Yolanda Saldívar had started on a fateful day in 1991.

———

Selena y Chris en un juego de pelota a favor de una caridad en agosto de 1993 que riñó los Dinos contra locutores de estaciones de radio locales. Muchos de los que fueron a ver el juego eran miembros del Fan Club de Selena, el que Yolanda Saldívar había empezado un día fatal de 1991.

Selena enjoyed the softball game.

———

A Selena le encantaba la pelota.

But we know that even by the time the bodyguard gave advice to Selena, it was too late. The devil was already loose in Corpus by then.

As early as 1990, a nurse from San Antonio by the name of Yolanda Saldívar had approached Abraham Quintanilla II with a plan to start the Selena Fan Club. In 1991, after many insistent calls from this professed superfan of his daughter, Abraham was ready to delegate. Selena had catapulted to fame. It was impossible to keep up with the fan mail, the requests, the clamoring cries from Selena's followers to take a little piece of her heart. Abraham gave in. He let Yolanda Saldívar into their family to organize and run the Selena Fan Club. And to be fair, so did Selena, who, always seeing the good in others, felt compassion for Yolanda and believed that she would make a good manager of her fan club. The singer also saw greater potential in Saldívar. She envisioned that Saldívar would help her realize one of

fornido como lo es un guardespaldas, le llamó a Amalia González, la conductora del programa de televisión, lloraba desconsolado. Si hubiera insistido, si hubiera logrado convencerla de que a esta altura de su carrera necesitaba protección, que necesitaba que alguien separara el ganado de la paja, el bien del mal, a lo mejor Selena todavía seguiría viva.

Sin embargo, todos sabemos que ya era demasiado tarde cuando el guardaespaldas trató de aconsejar a Selena. Para entonces, el diablo ya estaba suelto en la ciudad de Corpus Christi.

En 1990, una enfermera de San Antonio llamada Yolanda Saldívar se había acercado a Abraham Quintanilla con un plan para fundar un club de admiradores de Selena. En 1992, después de recibir muchas insistentes llamadas telefónicas de esta supuesta superadmiradora de su hija, el señor Quintanilla estaba dispuesto a delegar algunas responsabilidades. Selena ya era famosa. Era imposible mantener al día la correspon-

Selena had the pleasure of throwing pies in the faces of the losers, the DJs.

———

Selena se dió el gusto de tirarle pasteles en la cara a los perdedores, los locutores.

© 1995 AL RENDON

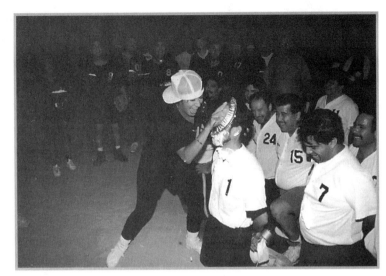

her dreams—the creation of her combination boutique and salon, Selena Etc., Inc. Selena was convinced that Saldívar could manage an enterprise that would generate a sense of pride and self-respect among Mexican Americans and other Latinos.

But who was this Yolanda Saldívar, this mysterious stranger from San Antonio whose weekly calls over the years had finally worn down the Quintanillas and had misled them into believing that she was for real, that her love and admiration for Selena knew no bounds? At the time that she joined forces with the Quintanillas, Saldívar was a thirty-four-year-old nurse who had never married and whose only connection to the Tejano music world was attending McCollum High School with Tejano music

dencia con los admiradores, con los pedidos, con el clamor de aquellos que querían compartir un pedacito de su corazón. Así él se dió por vencido y abrió la puerta a Yolanda Saldívar para que organizara y llevara adelante el club de admiradores de Selena. También es preciso reconcocer que la misma Selena que siempre veía lo bueno en cada persona, sintió compasión por Saldívar y creyó que sería un buena administradora de su club de admiradores. La cantante intuyó también un gran potencial en Saldívar. Imaginó que Saldívar la ayudaría a realizar uno de sus sueños, la creación de una tienda de ropa y salón de belleza, Selena Etc. Selena estaba convencida de que Saldívar podría manejar una empresa que generaría una sensación de orgullo y autoestima entre

idols Ram Herrera and Emilio Navaira. The fact that she had offered her services to Shelley Lares did not come out until later. All that the Quintanilla family knew about Yolanda Saldívar was that she claimed to adore Selena and was willing to work for free to manage her fan club. While they knew she was a nurse, they were perhaps unaware that Saldívar had already had four nursing jobs in the San Antonio area alone and was apparently unable to keep a position for very long. They also knew that Saldívar had never married and had never been seen with any boyfriends, and that she had adopted her brother's two children after he abandoned them and disappeared without a trace.

Nonetheless, Selena seemed impressed with Saldívar. The singer promised her the moon—and this metaphor turned out to be quite unfortunate. Saldívar had certainly appeared competent, a take-charge individual who would surely make Selena's life easier. She had also displayed impressive management skills. Within a few weeks after the Quintanillas hired Saldívar, Selena recommended that Los Dinos designate her general manager of the burgeoning Selena Etc. enterprise. The first salon and boutique had opened at 4926 Everhart Road in Corpus Christi,

los mexicanoamericanos y demás latinos.

¿Pero quién era esta Yolanda Saldívar, esta misteriosa mujer de San Antonio cuyas llamadas telefónicas repetidas todas las semanas durante años habían finalmente cansado a los Quintanilla y les habían llevado a creer equivocadamente en sus buenas intenciones, en su amor y admiración ilimitada hacia Selena? Cuando Saldívar pasó a formar parte del grupo íntimo de los Quintanilla, tenía treinta y cuatro años, nunca había estado casada y su única relación con la música tejana era el haber asistido a la escuela secundaria McCollum junto con los ídolos de la música tejana Ram Herrera y Emilio Navaira. También había ofrecido sus servicios a Lares, pero esto se supo solamente más adelante. Lo único que la familia Quintanilla sabía acerca de Yolanda Saldívar era que, según ella decía, adoraba a Selena y estaba dispuesta a administrar su club de admiradores sin recibir ninguna clase de salario. Si bien sabían que era enfermera, desconocían el hecho de que Saldívar ya había tenido cuatro puestos de trabajo en la zona de San Antonio y que aparentemente era incapaz de permanecer mucho tiempo en el mismo trabajo. Sabían que Saldívar nunca había

with a beautiful collection of Selena's own original sexy clothes and jewelry. The Corpus Christi mayor had officiated as ribbon cutter and celebrant at the opening ceremonies. The second Selena Etc. opened later on Broadway Street in San Antonio, the capital of Tejano music, and fans from all over the Southwest and even California flocked to the boutique and salon before an official announcement appeared in the papers. At the time of Selena's murder, plans were in the works to open boutiques in Mexico.

Selena, ever the loving, supportive soul, was thrilled to have someone with Saldívar's oomph behind her. She was glad to take some of the load off her father, and she was most appreciative of this fan turned business manager who professed nothing but love and deep appreciation for her. Selena found out that Yolanda Saldívar had a fetish for cows—she coveted anything with a cow on it—and the singer showered her with presents featuring cows, including posters, jewelry and much more. Selena and the Quintanilla family also discovered, much to their surprise and delight, that Saldívar also coveted images of Selena and had turned her house into a shrine to the performer. Aside from decorating her house with posters, enlarge-

estado casada y que tampoco se le conocía ningún novio. También estaban enterados de que había adoptado a los dos hijos de su hermano luego de que éste los abandonara y desapareciera sin dejar rastros.

A pesar de todo, Selena parecía estar impresionada con Saldívar. La cantante le había prometido hasta la luna—y en este caso la metáfora terminó por tener un sentido desafortunado. Saldívar ciertamente aparentaba ser una persona competente, de esas que se hacen cargo de las situaciones, y era posible creer que su colaboración haría más fácil la vida de Selena. También había demostrado tener impresionantes dotes de administradora. Pocas semanas después de haber sido contratada por los Quintanilla, Selena recomendó que Los Dinos la nombraran administradora general de la floreciente empresa Selena Etc. La primera tienda y salón de belleza había abierto las puertas en el número 4926 de la Everhart Road de Corpus Christi, presentando una hermosa colección original de joyas y ropa diseñada por Selena. El mismo alcalde de Corpus Christi había cortado el cordón inaugural y oficiado como animador de la ceremonia de apertura de los locales. La segunda sucursal de Selena Etc. fue inaugurada más tarde en la

ments of record sleeves and photographs of Selena performing, Yolanda Saldívar had actually set up larger-than-life cardboard icons of Selena. In every corner of the house, Saldívar could worship the image of the singer she would soon murder in cold blood.

Almost from the start, Selena's employees at Selena Etc. felt uneasy around Saldívar. They thought it was strange that she acted like Selena's protector. Soon after Saldívar was officially hired to manage Selena Etc., that is, eight months before tragedy struck on March 31, she began building a wall separating Selena from her friends. In fact, almost overnight, Yolanda Saldívar became the keeper of the flame, making sure that even close friends of Selena were barred from seeing the singer unless she, Saldívar, granted them permission. Even Selena's designer, Martín Gómez, felt that Saldívar had stepped out of line and was creating bad blood among Selena Etc. employees.

And there was more. And worse. To the amazement of many, Selena and Chris actually gave Yolanda the key to their house. They did not just put Saldívar in charge of sending souvenir packets to the thousands of Selena fans who joined the performer's fan club. They also gave her access to Selena's Ameri-

calle Broadway de San Antonio, la capital de la música tejana, y admiradores provenientes de todo el sudoeste e incluso de California inundaron el local de la tienda y del salón de belleza aún antes de que la apertura de los mismos había sido anunciada oficialmente a través de los periódicos. Cuando Selena fue asesinada, ya se estaba planeando abrir negocios en México.

Selena, siempre buena y dispuesta a apoyar a los demás, estaba contenta de tener a alguien con el entusiasmo de Saldívar detrás de ella. Estaba contenta de quitar un poco el peso de los hombros de su padre y apreciaba mucho a esta admiradora que se había transformado en una administradora de negocios y que profesaba tanto amor y aprecio por ella. Selena descubrió que Yolanda Saldívar tenía una relación fetichista con las vacas. Deseaba poseer cualquier cosa que tuviera el diseño de una vaca. Y la cantante la cubrió de regalos que tenían dibujos y diseños de vacas, incluyendo afiches, joyas y mucho más. Selena y la familia Quintanilla también descubrieron con sorpresa y deleite que Saldívar codiciaba imágenes de Selena y que había transformado su casa en un altar dedicado a la artista. Además de decorar su casa con afiches, con ampliaciones de las

can Express gold card as well as the authority to sign payroll checks.

One of the first physical signs of trouble brewing was when payroll checks made out to Selena Etc. employees began bouncing. Apparently, Saldívar had been depositing the receivables into her own private bank account. Then many fans who had sent in their twenty-dollar membership dues to the Selena Fan Club started writing Abraham Quintanilla II letters expressing their concern over never receiving their club packet with its baseball cap, CD, T-shirt and autographed poster as they had been promised. It seems Saldívar had even been depositing money received from Selena's fans into her bank accounts.

And then there was the matter of

tapas de algunas de las grabaciones de Selena y con fotografías tomadas durante algunas de sus presentaciones en escenario, había montado imágenes de la estrella que tenían un tamaño mayor al de la misma Selena en carne y hueso. En cada rincón de la casa, Saldívar adoraba alguna imágen de la cantante a la que pronto mataría a sangre fría.

Casi desde un primer momento, quienes trabajaban en Selena Etc. se sintieron incómodas con Saldívar. Les parecía extraño que actuara como la protectora de Selena. Poco tiempo después de que Saldívar fuera oficialmente contratada para administrar Selena Etc., es decir ocho meses antes de la tragedia del 31 de marzo, la mujer empezó a levantar una pared entre Selena y las amigas

Selena (pictured here in 1992) had an eye for fashion and had always dreamed of opening a boutique and beauty salon and selling some of her designs.

———

Selena (en una foto de 1992) tenía muy buen ojo para la moda, y siempre había soñado con abrir su propia boutique y salón de belleza donde pudiera vender sus diseños.

JOHN DYER

Selena's gold Fabergé egg ring with the fifty-two diamonds, a gift from all of her employees at Selena Etc. Yolanda Saldívar presented Selena with the 18-karat custom-made ring in the shape of a Fabergé egg, sporting a large *S* in the middle and diamonds all around. However, Saldívar never mentioned to Selena that the beautiful ring was a present from *all* of Selena's employees at Selena Etc. The Fabergé egg was particularly meaningful to Selena since she had been born on Easter Sunday, and the egg was a symbol of her birth as well as of the holiday and her dear Christ's resurrection. The performer even had a collection of ceramic eggs at home. Selena would never know how much it had meant to her employees that the ring came from them. She would never know that they had taken up a collection and everyone at both stores had chipped in to purchase the ring. To add insult to injury, Saldívar had actually charged the ring, at a cost of three thousand dollars, to Selena's American Express gold card.

The bounced payroll checks, letters and phone calls to Abraham from disappointed fans were the wake-up call. Selena's father met with Saldívar in early March to request that she surrender all of the records from Selena Etc. According to him, Saldívar did not hand over

de la estrella. En efecto, casi de la noche a la mañana, Yolanda Saldívar se transformó en su guardián permanente, asegurándose de esta manera de que incluso los amigos más íntimos de Selena no pudieran acercarse a la cantante sin contar primero con su permiso. Hasta Martín Gómez, el diseñador de Selena, sintió que Saldívar se había excedido y que también estaba causando problemas entre quienes trabajaban en Selena Etc.

Ocurrieron otros hechos, incluso más alarmantes. Selena y Chris le dieron a Saldívar la llave de la casa en que vivían. Además no solamente la pusieron a cargo del envío del material que se les enviaba a los miles de admiradores que se habían asociado al club de la cantante, sino que también le permitieron usar la tarjeta de oro de American Express de Selena y firmar los cheques que recibían quienes trabajaban para la estrella.

Una de las primeras evidencias de los problemas que estaban madurando fueron los cheques sin fondos que empezaban a recibir los empleados de Selena Etc. Aparentemente Saldívar había estado depositando fondos en su propia cuenta bancaria. A continuación, muchos de los miembros del club de admiradores que habían mandado sus cuotas de veinte dólares, empezaron también a

all of the financial statements and other paperwork at their meeting. After that, the entire Quintanilla family had grave doubts about Yolanda Saldívar and her so-called records, and Abraham declared that it was time to fire this strange person who had weaved her way into their lives like an evil serpent. Selena considered it her responsibility to handle the matter and decided to confront Yolanda Saldívar herself. She called Saldívar and arranged to meet her with Chris at the Days Inn on March 30 to discuss the situation.

On March 30, 1995, Chris and Selena showed up at room 158, Saldívar's room, at the Days Inn on Navigation Boulevard in Corpus Christi. Saldívar

mandar cartas quejándose de no haber recibido los paquetes portadores de las gorras de béisbol, camisetas, grabaciones ó afiches firmados que habían estado esperando. Aparentemente, Saldívar también había depositado el dinero de los admiradores en su propia cuenta de banco.

Después surgió la cuestión relacionda con el anillo de oro de Selena, el anillo en forma de huevo de Fabergé incrustado de cincuenta y dos diamantes, regalo de todos los empleados de Selena Etc. Yolanda Saldívar le había entregado a Selena el anillo de oro de 18 quilates, especialmente diseñado para ella con una gran *S* rodeada de diamantes y en forma oval. Pero Saldívar nunca le dijo a Selena

In the autumn of 1994, Yolanda Saldívar was put in charge of finances at Selena Etc., the singer's boutique and salon with two locations in south Texas. Pictured here is the one in Corpus Christi where fans expressed their sorrow in writing after Selena was slain.

En el otoño de 1994, Yolanda Saldívar fue puesta al frente de las finanzas de Selena Etc., la boutique y salón de belleza con dos localidades en Texas. Aquí se ve la tienda en Corpus Christi, donde sus admiradores fueron a expresar su dolor cuando Selena murió.

TOM FOX/GAMMA LIAISON

assured Selena and Chris that the accounting records were in order and that all the fans had been sent their packets, and handed over more papers. Selena and Chris then returned home only to discover that some of the documentation was still missing. Selena called Saldívar and informed her about the missing papers.

Selena's friends and family generally concede that by then Selena's trust in Yolanda Saldívar had eroded and that both she and Chris were finally convinced that Saldívar had embezzled thousands of dollars from their firm. Worse yet, from their faithful fans, who had been sending in their Selena Fan Club membership dues and getting nothing in return. This is what hurt Selena the most. She didn't mind being taken herself so much as she minded having her thousands of fans defrauded.

The next day, that fateful March 31, 1995, Selena apparently made up her mind to go by herself to confront Saldívar face-to-face and fire her once and for all, just as her friends, family and employees had advised. Selena probably wanted to keep Chris out of it. Whatever the reason, it became Selena's fate to look evil in the eye that stormy day in Corpus.

Most of Selena's friends assert that

que el hermoso anillo era un regalo de *todos* los empleados de Selena Etc. El huevo Fabergé era especialmente significativo para Selena, porque la estrella había nacido el domingo de Pascua, y el huevo era un símbolo de su nacimiento, así como también, símbolo de la pascua y resurrección de su amado Cristo. La cantante tenía incluso una colección de huevos de cerámica en su casa. Selena nunca se enteraría de lo mucho que significaba para sus empleados el hecho de que el anillo viniera de ellos. Nunca se enteraría de que los empleados habían hecho una colecta y que todos los que trabajaban en cada una de las tiendas había dado dinero para comprar el anillo. Para empeorar aún más las cosas, Saldívar había llegado al extremo de usar la tarjeta de crédito de Selena para pagar los tres mil dólares que había costado el anillo.

Los cheques sin fondo y las cartas y llamadas telefónicas de los admiradores desilusionados que recibía Abraham Quintanilla fueron la primera alarma. El padre de Selena se reunió con Saldívar a principios de marzo para pedirle que entregara todos los papeles y archivos de Selena Etc. Según las declaraciones del señor Quintanilla, en esa ocasión Saldívar no entregó todos los documentos y papeles que le habían sido requeridos.

the performer had grounds to sue Saldívar for embezzlement, but evidently Selena intended on the morning of March
31, 1995, merely to fire her manager and
cut all ties Saldívar had with the Quintanilla family. That morning Selena was
still under the false impression that the
gold Fabergé egg ring she was carrying
had been a gift solely from Saldívar, and
she also went prepared to return it to
her. Evidently, once Selena had made up
her mind to fire Saldívar for embezzlement and other business improprieties,
she felt it her duty to give the ring back.
She did not want to keep a gift from one
who had betrayed her trust. This ex-
plains why Selena was clutching the ring
at the time of the shooting and why the
medical examiner discovered that the
singer, even in death, still grasped the
gold egg ring in her hand. For Selena's
employees this is a poignant and ironic
reminder that the singer never knew
that the ring was their token of gratitude
for her kindness and generosity.

Abraham Quintanilla II, as well as
other family members and friends, had
warned Selena on numerous occasions
that Yolanda Saldívar was unstable. But
who could have imagined that Saldívar's
passions and evil plotting would possess
her as they did? Abraham believes that
Saldívar's motives were simply fraud

Después de este episodio, todos los
miembros de la familia Quintanilla empezaron a dudar acerca de la personalidad de Yolanda Saldívar y de lo que ella
llamaba sus "registros" de las transac-
ciones a su cargo, y Abraham Quintanilla declaró que había llegado la hora
de despedir a esta extraña persona que se
había introducido en sus vidas como
una serpiente venenosa. Selena consi-
deró que era ella quien debía asumir la
responsabilidad de resolver la situación
y decidió enfrentar ella misma a
Yolanda Saldívar. La llamó, y se
pusieron de acuerdo en que ella y Chris
se encontrarían con Saldívar en el hotel
Days Inn, el 30 de marzo de 1995, para
hablar de la situación. En la fecha seña-
lada, Chris y Selena fueron a la
habitación que ocupaba Saldívar en el
hotel, ubicado en el Navigation Boulevard de Corpus Christi. Era la
habitación número 158. Saldívar le ase-
guró a la pareja que los registros de la
contabilidad de la empresa se encontraban en orden y que todos los admiradores habían recibido sus paquetes. En
esta oportunidad, Saldívar entregó también algunos papeles. Pero cuando Selena y Chris regresaron a su hogar
descubrieron que faltaban algunos documentos. Selena llamó entonces a Saldívar para informarla del el hecho.

After Yolanda Saldívar was caught embezzling money from Selena Etc., the Quintanilla family, including Marcela (seen here with Selena), was convinced that she posed a threat.

———

Una vez que se supo que Yolanda Saldívar había estado robándose el dinero de Selena Etc., la familia Quintanilla, incluyendo a Marcela (en la foto con Selena), quedó convencida de que Saldívar constituía una amenaza.

and embezzlement, and that her violent act was tied to being found out and losing her job and clout. But some of Selena's close friends have speculated that Saldívar's motives went much deeper and were much more pathological. Some have said that Saldívar had a love/hate obsession with Selena. They reason that Saldívar could have gone back to nursing after she was caught stealing. She could have skipped town with all the money and never been heard from again. Shooting Selena in the back amounted to much more than just a senseless act to cover up theft or vindicate the loss of a job. It was truly a perverse crime of passion, hatred and jealousy committed against the one person who had treated Saldívar with the only kindness she had known in her lonely life.

Bexar County records showed later that Yolanda Saldívar bought a .38 caliber revolver on March 13, 1995, cleared the background check and the five-day waiting period requirement and was issued the lethal weapon with no questions asked. Today, there is no doubt in the minds of members of the Quintanilla family that Yolanda Saldívar knew she had been caught with her hand in the cookie jar, and that she had planned the violent act days before she agreed to meet Selena and Chris at the

Los amigos de Selena y sus familiares en general coinciden en decir que para ese entonces la confianza de Selena en la honestidad de Yolanda Saldívar era igual a cero, y que tanto ella como Chris se había finalmente convencido de que Saldívar había robado miles de dólares pertenecientes a la empresa y, lo que todavía era peor, el dinero proveniente de sus admiradores, los cuales no habían recibido nada a cambio del pago de sus cuotas como miembros del club de admiradores de Selena. Esto fue lo que aparentemente le dolió más a la cantante. No le importaba tanto haber sido engañada ella misma, como sentir que sus miles de admiradores habían sido defraudados.

Al día siguiente, ese fatídico 31 de marzo de 1995, Selena aparentemente decidió enfrentarse ella sola con Yolanda Saldívar y despedirla definitivamente como le habían aconsejado hacerlo sus amigos, familiares y empleados. Selena probablemente quería que Chris se mantuviera fuera de todo el asunto. Sea cual fuera la razón, el destino quiso que ese tormentoso día Selena se enfrentara con el diablo.

La mayoría de los amigos de Selena afirman que la artista tenía pruebas suficientes como para hacerle a Saldívar un juicio por estafa, pero evidentemente, en

Days Inn. By the time beautiful, innocent, loving Selena showed up at the Corpus Christi Days Inn on the morning of March 31, 1995, the die was cast.

The bodyguard from Los Angeles who called the radio station weeping knew such premeditated acts of violence were possible and had felt in his bones that Selena was in trouble long before the crime took place.♥

la mañana del 31 de marzo, Selena solamente se proponía despedirla de su puesto de administradora y cortar todos los vínculos que unían a la mujer con la familia Quintanilla. Irónicamente, esa mañana Selena todavía seguía creyendo que el anillo de oro que llevaba le había sido regalado solamente por Saldívar y se proponía devolvérselo. Evidentemente, una vez que Selena se había decidido a despedir a Yolanda Saldívar por estafa y otras irregularidades en el manejo de los negocios, también sentía que su deber era devolverle el anillo. No quería conservar un regalo de quién había traicionado su confianza. Esto explica la razón por la cual Selena tenía consigo el anillo en la mano en el momento de recibir los disparos, y también la razón por la cual el médico forense descubrió que aún después de muerta, la cantante todavía apretaba en su mano el anillo de oro con forma de huevo. A los empleados de Selena esto les recuerda de manera conmovedora e irónica que la cantante nunca supo que el anillo era una muestra de agradecimiento qua ellos sentían por su bondad y generosidad.

Abraham Quintanilla, al igual que otros miembros de la familia y amigos, en varias ocasiones, le había advertido a Selena acerca de la inestabilidad emocional de Yolanda Saldívar. ¿Pero quién

podría haber imaginado que sus pasiones e intrigas diabólicas llegarían a dominar hasta tal punto a Saldívar? El señor Quintanilla cree que los motivos de Saldívar eran simplemente el fraude y el robo, y que su acto de violencia estuvo ligado al hecho de verse descubierta y perder su trabajo e influencia. Pero algunos de los amigos íntimos de Selena han dicho que tal vez los motivos de Saldívar eran mucho más profundos y patológicos. Algunos han dicho que la mujer tenía una pasión que la llevaba a odiar y amar alternativamente a Selena. Piensan que Saldívar podría haber vuelto a trabajar como enfermera después de haber sido descubierta o que podría haber huído de la ciudad y desaparecido con todo el dinero. El hecho de dispararle los balazos por la espalda a Selena fue mucho más que un acto sin sentido perpetrado con la intención de cubrir un robo o de vengarse por la pérdida de un trabajo. En realidad había sido un perverso crimen pasional, dictado por el odio y la envidia, cometido precisamente en contra de la persona que había tratado a Saldívar con la única ternura y afecto que la mujer llegó a recibir en toda su vida solitaria.

Los archivos del condado de Bexar mostraron posteriormente que Yolanda Saldívar compró una pistola calibre 38 el 13 de marzo, que había pasado con éxito el exámen de sus antecedentes, y que después de un período de espera de cinco días mandado por la ley, había retirado el arma mortal sin necesidad de ningún otro requisito y sin contestar ningun otra pregunta. Ahora ya no existe ninguna duda en la mente de los miembros de la familia Quintanilla de que Saldívar sabía que había sido atrapada "con las manos en la masa," y de que la mujer había planeado su acto de violencia días antes de su encuentro con Selena y Chris en el Days Inn. Cuando la hermosa, inocente y dulce Selena llegó al Days Inn de Corpus Christi en la mañana del 31 de marzo de 1995, los dados de la fortuna ya estaban echados.

El guardaespaldas de Los Angeles que llamó llorando a la estación de radio, sabía que tales actos de violencia son una posibilidad y mucho antes de que ocurriera el crimen había sentido en sus huesos que Selena corría peligro. ♥

Selena, Live Forever!

¡Selena, vive para siempre!

It is almost impossible to describe the darkness, the sorrow and the sheer incredulity that swept over Texas like a storm, and then over all of Latino U.S.A. when the news of Selena's murder spread like wild fire across the plains. The Quintanilla family was devastated. Selena's death was their own. There was nothing left to say or do. Selena was gone. Gone before she had reached her twenty-fourth birthday. Gone forever. Could it be possible? Abraham and Marcela still say they cannot really believe it. They and Chris and the whole family hear Selena's songs and think she's still here, that perhaps she's

Es casi imposible describir la oscuridad, la tristeza y la completa incredulidad que barrió a Texas cómo una tormenta que después alcanzó también a todos los latinos y norteamericanos cuando la noticia de la muerte de Selena se propagó como un fuego salvaje en la llanura. La familia Quintanilla estaba destrozada. La muerte de Selena fue su propia muerte. No había nada más que decir. Selena ya no estaba. Se había ido antes de sus venticuatro años. Ido para siempre. ¿Sería posible? Abraham Quintanilla II y Marcela todavía no lo pueden creer. Ellos, Chris y toda la familia escuchan canciones de Selena y

Selena fans gathered at vigils, like this one outside a radio station in Hollywood, to mourn the loss of one of the greatest Latino entertainers of all time.

———

Los admiradores de Selena se congregaron en vigilias, como ésta delante de una estación de radio en Hollywood, para velar la pérdida de una de las más grandes artistas de todos los tiempos.

just gone for a while, that she may come back any minute. And then the hard truth hits them and they know. They know Selena is never coming back. And they hope someday they'll meet up with her in heaven. In heaven, where one young student wrote, God had called the singer to be with Him so she could entertain Him because she was so good and He probably was feeling lonely.

For many those early spring days in 1995 felt like the time of despair that hung over Texas and the nation decades

piensan que ella todavía está aquí, que quizás ella salió por un rato, que volverá en cualquier momento. Pero después la cruda realidad los golpea y la aceptan. Ellos saben que Selena no volverá, y esperan que algún día se encontrarán con ella en el paraíso. En ese paraíso al que se refirió un joven estudiante al escribir, diciendo que El Señor llamó a la cantante para que lo acompañe porque ella era muy buena y El probablemente se sentía solo.

Durante muchos días de esa tem-

earlier. Like 1963 repeating itself—the year President John F. Kennedy was assassinated in Dallas. For others, it felt like the dismal day John Lennon was gunned down by another deranged fan outside the Dakota on Central Park West in Manhattan. And for many, it felt as if their own sister, daughter, wife or girlfriend had perished. Hundreds of fans bearing votive candles, flowers and rosaries flocked to the Quintanilla houses on Bloomington Street to pay homage to Selena. Many placed flowers, pictures, drawings, balloons, notes and other mementos on the chain-link fence surrounding the star's brick house. They wept, prayed, mourned and exchanged deep lamentations on Selena's street, which their sorrow turned into a wailing wall.

On Saturday, April 1, 1995, mourners gathered at the Selena Etc. boutique and salon on Broadway Street in San Antonio to light candles and place gifts and bouquets at the front door. Candlelight vigils for Selena were organized around the country, from New York City to Los Angeles and all across the Southwest. Selena's death hit the nation hard. Virtually every newspaper, major magazine and radio and television station in America marked her death. The sad story even made the front page of

prana primavera del año 1995 parecía que el tiempo y la desdicha que cubría a Texas y a la nación eran como un temprano ocaso. Como una repetición del 1963—el año que el Presidente John Kennedy fue asesinado en Dallas. Para otros fue como el día en que John Lennon fue baleado por otro trastornado admirador fuera del edificio Dakota en el oeste del Central Park de Nueva York. Y para muchos fue como si su propia hermana, hija, esposa o novia hubiera perecido. Cientos de admiradores con velas prendidas en sus manos y con flores y rosarios se aglomeraron en las casas de los Quintanilla en la calle Bloomington, para rendir homenaje a Selena. Muchos dejaron flores, fotos, dibujos, globos, notas u otros objetos en la cerca de cadenas que rodeaba la casa de la estrella. La gente lloró, rezó, gimió y compartió la más profunda aflicción en la calle de Selena, hasta que la tristeza se convirtió en un muro de los lamentos.

El sábado 1 de abril, personas enlutadas se reunieron en la tienda y salón de belleza de la calle Broadway de San Antonio y dejaron ramos de flores, regalos y velas encendidas en la puerta. En todo el país desde New York a Los Angeles y en todo el sudoeste se organizaron vigilias con velas encendidas. Para el país entero fue muy duro aceptar el falle-

The New York Times and the *Los Angeles Times.* CNN covered the public viewing and the processions and then the funeral. There was hardly a hamlet, town or city on either side of the Mexico-U.S. border where Selena's stirring voice did not haunt the airwaves.

As had happened after President Kennedy was fatally shot, Tejanos began composing musical eulogies to honor Selena. Graffiti artists and muralists in south Texas set to work painting murals of Selena. One of the most striking of the Selena murals in Corpus Christi was painted by sixteen-year-old Eric Villareal, who preserved the performer's image, framed with twenty-four white roses, in bright acrylics on the exterior of Las Cazuelas, his mother's lounge that is frequented by Mexi-

cimiento de Selena. En efecto, cada periódico, revista, radio y televisión en America habló de su muerte. La triste historia llegó a la primer página de *The New York Times* y del *Los Angeles Times.* La CCN cubrió la procesión y el funeral. En ambos lados de la frontera México-Americana, en todos las caseríos, pueblos ó ciudades se escuchaba la voz de Selena como un eco.

Así como pasó después que el Presidente Kennedy fuera fatalmente baleado, los tejanos comenzaron a componer corridos llenos de elogios en honor a Selena. Artistas muralistas y gráficos callejeros en el sur de Texas se convocaron para pintar murales también en honor a Selena. Uno de los más dramáticos murales está en Corpus Christi y enmarca la imágen de Selena con vein-

A young Selena fan guards a flame lit for her fallen idol.

———

Una joven admiradora de Selena prendió una vela en nombre de su ídolo caído.

PEOPLE WEEKLY
© JAN SONNENMAIR

can American musicians and where Selena often went for dinner.

Making arrangements for Selena's public viewing and funeral was particularly painful for the Quintanilla family. As soon as word got out that a public viewing would be held at an exhibit hall in Corpus Christi's Bayfront Plaza Convention Center on Sunday, April 2, thousands of Selena fans in other states and countries began their pilgrimage to Corpus Christi. Processions of cars with yellow ribbons and bows tied to antennae lined Texas highways. Black and white roses were strewn along the roadside. Selena's songs played behind car windows. Fans started congregating at the convention center as early as 3 A.M. that morning to get a glimpse of their beloved Precious, to pay their last respects, to cry together and to console each other.

The viewing began with a closed casket, as the Quintanilla family had wished, but then shocked and disbelieving fans began insisting that Selena was not in the casket and that perhaps she was still alive. To squelch the rumors, Abraham ordered the casket opened during the viewing for all to see the body of Selena—and to spill deep rivers of tears. Selena looked so beautiful as she lay in state. She was dressed in the

ticuatro rosas blancas. Fue pintado en brillantes acrílicos por el joven artista Eric Villareal de dieciseis años, en Las Cazuelas, la posada de su madre que es frecuentada por músicos mexicanoamericanos y donde Selena solía cenar con frecuencia.

Los arreglos del funeral de Selena fueron particularmente dolorosos para la familia Quintanilla. En cuanto se supo que el ataúd cerrado sería exibido en Corpus Christi, en el centro de convenciones del Bayfront Plaza, el 2 de abril, miles de admiradores de Selena provenientes de otros estados y países hicieron su peregrinación a Corpus Christi. Carros en procesión adornados con lazos amarillos se alineaban sobre las carreteras interestales tejanas. Había rosas blancas y rojas tiradas a los costados de la carretera y las canciones de Selena se escuchaban a través de las ventanillas de los carros. Los admiradores llorando y consolándose mutuamente empezaron a aglomerarse a eso de las tres de la mañana del 2 de abril en el Bayfront Plaza para rendir homenaje a su querida "Preciosa."

En un primer momento, el público comenzó su homenaje con el ataúd cerrado, siguiendo los deseos de la familia Quintanilla, pero luego algunos admiradores incrédulos y en estado de con-

Everywhere across the nation people mourned.

———

En toda la nación la gente estaba de duelo.

ANTHONY PADILLA/
SYGMA

Members of the Barron Mendoza family pay homage to Selena at a shrine erected by a Los Angeles radio station.

———

Miembros de la familia Barron Mendoza le ofrecen sus respetos a Selena ante un santuario eregido a Selena por una estación de radio en Los Angeles.

AP/WIDE WORLD PHOTOS

Shrines to Selena like this one appeared across the nation.

———

Santuarios como éste, en nombre de Selena, aparecieron por toda la nación.

JOHN DYER

Words of love and gratitude for Selena.

———

Palabras de amor y gratitud para Selena.

TOM FOX/
GAMMA LIAISON

purple outfit with the quilted jacket she had worn to accept her awards at the Tejano Music Awards ceremony earlier that year. Purple was the singer's favorite color. Her nails were done in gleaming red polish. A long-stemmed red rose lay in Selena's crossed hands. Family members had dressed her and combed her hair. They did not want strangers touching her. Selena looked at peace.

But no one gazing upon her in that exhibit hall at the Bayfront Plaza Convention Center felt peaceful. Emotions ranged from rage at the assassin to inconsolable sorrow. According to one estimate, more than ten thousand fans filed solemnly past Selena's casket by the afternoon, and by nightfall approximately fifty thousand had passed

moción insistieron en que Selena no estaba allí y que quizás aun vivía. Para terminar con los rumores Abraham Quintanilla ordenó que fuera abierto el ataúd para que todos pudieran ver el cuerpo de Selena—y derramar un río de lágrimas. Selena apareció hermosísima. Estaba vestida con el traje con chaqueta morada que había lucido el año anterior en la ceremonia en que recibió el Premio a la Música Tejana. Morado era el color favorito de la estrella. Sus uñas estaban pintadas en rojo brillante. Sus manos cruzadas, sujetaban una rosa de tallo largo que yacía sobre ella. La familia Quintanilla la vistió y cepilló sus cabellos. No quisieron que ningún extraño la tocara. Selena estaba en paz.

Pero nadie de los que fueron a homenajearla en el centro de convenciones del

Fans pay their last respects as they file past Selena's closed casket at a public viewing on Sunday, April 2, 1995, at the Bayfront Plaza Convention Center in Corpus Christi.

———

Sus admiradores le ofrecen sus últimos respetos, desfilando ante el ataúd cerrado de Selena el 2 de abril de 1995, en el Bayfront Plaza Convention Center en Corpus Christi.

ANTHONY PADILLA/SYGMA

through the exhibit hall to say good-bye. Before the day was over, politicians such as Congressman Solomon Ortiz and Senator Carlos Truan had paid their last respects and had eulogized the fallen singer in Spanish and English before a packed audience in the exhibit hall.

On that day, April 2, 1995, fans of every age, race and social class rushed to street corners, churches, parks, stadiums and other gathering places all across the nation to attend vigils for Selena. Close to four thousand mourners flocked to the Los Angeles sports arena to attend a mass held in memory of Selena, who had been scheduled to perform there the day before. Young Latinos in the arena stood weeping, grasping Selena's picture and singing songs of praise and faith in her name. Some grasped a single white rose, the emblem of the Virgin of Guadalupe, the Mexican and Mexican American patron saint, who had become instantly identified with Selena.

On April 3, funeral services for Selena were held at the Memorial Coliseum in Corpus Christi. Later that day, Selena Quintanilla Pérez, the "queen of Tejano music," was laid to rest near a mesquite tree at Seaside Memorial Park. Approximately six hundred family members, friends, Tejano musicians Emilio Navaira, La Mafia, Mazz and

Bayfront Plaza sentía paz. Los sentimientos variaban entre la rabia hacia la asesina y la tristeza inconsolable. Según los cálculos, más de diez millones de admiradores habían pasado frente a su ataúd al promediar la tarde, y cuando empezó a caer la noche unos cincuenta mil personas ya habían ido a dar su despedida. Antes de terminado el día, políticos como el Congresista Solomon Ortiz y el Senador Carlos Truan habían llegado al lugar y elogiado a la cantante, hablando en español y en inglés frente a una cuantiosa audiencia reunida en el centro de convenciones.

Ese día, el 2 de abril de 1995, admiradores de diferentes edades, razas y clases sociales presentes en las calles, iglesias, parques, estadios y otros lugares de encuentro de toda la nación participaron en la vigilia de Selena. Casi cuatro mil desconsolados se reunieron en el sports arena de Los Angeles para asistir a una misa en honor de Selena, que estaba prevista para el día anterior. Jóvenes latinos lagrimeaban, sosteniendo la fotografía de Selena en sus manos y cantando canciones de fe y alabanza en su nombre. Algunos sostenían una rosa blanca, el emblema de la Virgen de Guadalupe, la patrona de los mexicanos de los mexicanoamericanos, que instantáneamente fue identificada con Selena.

Roberto Pulido and others were in attendance. Marcela Quintanilla sat solemnly next to Chris Pérez with other family members beside them. Hundreds of Selena's fans gathered in mourning along the fence surrounding the cemetery. More than eight thousand white roses were placed around Selena's black coffin at her burial in remembrance of Corpus Christi's rising star who had touched the hearts of countless people

El funeral de Selena fue el 3 de abril de 1995 en el Memorial Coliseum de Corpus Christi. Ese día, más tarde, Selena Quintanilla Pérez, la "reina de la música tejana," fue depositada para su descanso eterno cerca de un árbol de mesquite en el Seaside Memorial Park. Aproximadamente seiscientas personas, entre familiares, amigos y músicos tejanos como Emilio Navaira, La Mafia, Mazz, Roberto Pulido y otros asistieron

At first Selena's casket was closed, but when rumors circulated that her body was not inside, the Quintanilla family ordered the casket opened so all could see the singer.

Al principio, se había cerrado el ataúd, pero cuando circularon rumores de que su cuerpo no estaba dentro, la familia Quintanilla dió órdenes de abrirlo para que todos pudieran ver a la cantante fallecida.

AP/WIDE WORLD PHOTOS

Selena, adorned in the purple quilted outfit she wore to the 1995 Tejano Music Awards, lies in state at the Bayfront Plaza Convention Center.

———

Selena, vestida en el traje púrpura enguatado que había llevado a los Premios de Música Tejana, descansa por última vez en el Bayfront Plaza Convention Center.

and who had united Americans of Mexican descent in hope and joy for a better life.

None of Selena's relatives, friends or fans could have imagined that some two thousand miles away in New York City on that sacred solemn day she was laid to rest at Seaside Memorial Park that radio talk show host Howard Stern would attempt to denigrate the life and accomplishments of their beloved Selena. During his syndicated broadcast, Stern played Selena's music mixed with the sound of gunfire for all America to hear. Over the air he condemned Selena's music as shallow and also said that he would like to make love to her in her coffin.

al entierro. Marcela Quintanilla se sentó solemnemente al lado de Chris Pérez a quien también le rodeaban otros miembros de la familia. Cientos de los admiradores de Selena se amontonaron a los lados de la cerca que rodea el cementerio. Más de ocho mil rosas blancas fueron depositadas alrededor del negro ataúd en recuerdo de la estrella de Corpus Christi que tocó los corazones de incontables personas y que unió a Americanos y Mexicanos en la esperanza y en la alegría de una vida mejor.

Ninguno de los parientes de Selena, de sus amigos o admiradores podrían haber imaginado que a dos mil millas de allí, en la ciudad de Nueva York, en ese solemne y sacro día en que ella descan-

A mourner gazes upon the Tejano music star for one last time.

———

Un doliente contempla a la estrella de la música tejana por última vez.

Selena's casket makes its final journey to Seaside Memorial Park, where funeral services for the beloved singer were held on April 3, 1995.

———

El ataúd de Selena hace su jornada final el 3 de abril de 1995 hacia el Seaside Memorial Park, donde se llevó a cabo el entierro de nuestra querida cantante.

Overcome with emotion, Lidia Castaneda rests her head on Selena's coffin, bedecked with white roses, and sheds tears of grief and despair.

Conmovida, Lidia Castaneda reposa su cabeza sobre el ataúd de Selena, lleno de rosas blancas, y derrama una lágrima de tristeza y desesperación.

AP/WIDE WORLD PHOTOS

Chris Pérez clenches a white rose in honor of Selena at funeral services held for the slain singer at the Memorial Coliseum in Corpus Christi. Selena's mother, Marcela, her head bowed in inconsolable sorrow, sits to his left.

Chris Pérez aprieta una rosa blanca en honor a Selena durante los servicios funerales que tuvieron lugar el 3 de abril de 1995 en el Memorial Coliseum en Corpus Christi. Marcela, su mamá, inconsolable y con la cabeza baja, se sienta a su izquierda.

AP/WIDE WORLD PHOTOS

Abraham Quintanilla
tries to comfort Marcela
during the funeral
services.

———

Abraham Quintanilla
trata de consolar a
Marcela durante los
servicios funerales.

The Mexican American community and all Latinos reacted to Stern's vicious attack on Selena with horror, incredulity and indignation. Their pain soon turned to anger, a deep and abiding anger. The American G.I. Forum, the League of United Latin American Citizens (LULAC) with its hundred thousand members and the National Hispanic Media Coalition called for Howard

saba en el Seaside Memorial Park el parlanchín radial Howard Stern trataría de denigrar la vida y logros de la amada Selena. Durante su programa, Howard Stern hizo escuchar a todo el país la música de Selena mezclada con los sonidos de disparos de pistola. Por radio, condenó a la música de Selena como superficial y dijo que quería hacerle el amor a ella en su ataúd.

Houstonites Toni Guerrero (*right*) and Sylvia Davilla grieve the loss of their idol at A Tribute to Selena Concert in Houston on May 29, 1995. They were among thousands of fans who gathered at the benefit concert on behalf of the Selena Foundation.

———

Toni Guerrero y Sylvia Davilla, provenientes de la ciudad de Houston, lamentan la pérdida de su ídolo durante el concierto Un Tributo a Selena, que se llevó a cabo el 29 de mayo de 1995. La pareja eran unas de miles de admiradores que concurrieron al concierto que fue dado en beneficio de la Fundación Selena.

Stern's sponsors to boycott his show. Major American corporations such as Snapple, Sears, McDonald's and Quaker Oats instantly withdrew their advertising from Stern's programs. And Latinos and other decent people from all ethnic groups across the nation took matters into their own hands by simply changing the dial on their radios. One by one, millions of listeners shut off the Howard Stern show.

On April 6, 1995, Stern made a sorry attempt at damage control by apologizing in Spanish for his comments over the air. Latinos were outraged that the talk show host insinuated by speaking Spanish that they could not understand an apology in English. After

La comunidad mexicanoamericana y todos los latinos reaccionaron al ruin ataque de Stern con irritación, horror e indignación. Su dolor se convirtió rápidamente en enojo, en una profunda y sostenida cólera. El American G.I. Forum, la League of United Latin American Citizens (LULAC) que cuenta con cien mil afiliados, y la National Hispanic Media Coalition pidieron a los patrocinadores de Howard Stern que boicoteran sus programas. Corporaciones norteamericanas importantísimas cómo Snapple, Sears, McDonald's y Quaker Oats, instantáneamente retiraron sus avisos publicitarios. Latinos y otras personas decentes, pertenecientes a otros grupos

Selena ...
———
¡Selena ...

SUNG PARK/SYGMA

Stern's "apology," the city council in New York passed a resolution condemning his attack on Selena. In Selena's home state of Texas, the Houston City Council approved a resolution to request that Warner Cable remove Stern's television show from its local programming.

On April 7 at 11:47 A.M., one week after the shooting, at the approximate time of the incident, Austin radio station KKLB held a moment of silence for Selena. Texas Governor George W. Bush declared April 16, 1995, the singer's birthday and Easter Sunday, Selena Day in Texas. That evening Selena fans attended a mass at JohnnyLand in Corpus Christi, named after Johnny Canales, who had helped steer Selena along the road to success. That day the Quintanilla family, in conjunction with EMI Latin, began plans for a college fund in Selena's name.

In the aftermath of her death, Selena's albums have maintained a steady climb and presence at the top of *Billboard*'s charts. Four of her albums climbed immediately into the top 10 on *Billboard*'s Latin charts. Record chains and independent music stores have been selling out Selena's tapes and CDs faster than they can keep them on the shelves, and, unfortunately, bootleggers have

étnicos en toda la nación, tomaron la justicia en sus manos simplemente no escuchando más sus programas. Una por una, millones de personas fueron ignorando los programas de Howard Stern.

En abril de 1995, Howard Stern trató de disculparse públicamente por sus comentarios durante una transmisión radial en idioma español. Los latinos se enfurecieron al sentir que el locutor insinuaba que ellos no podrían entender una disculpa formulada en inglés. Después de la disculpa de Stern, el concilio de la ciudad de Nueva York pasó una resolución condenando el ataque del locutor. En Texas, el estado de Selena, el alcalde de Houston aprobó una resolución que instaba al Warner Cable a cancelar el programa de Stern.

A las 11:47 de la mañana del 7 de abril, una semana después del asesinato, aproximadamente a la hora del incidente, la KKLB, estación de radio de Austin, hizo un minuto de silencio en honor a Selena. El gobernador de Texas, George W. Bush, declaró que el 16 de abril de 1995, día del cumpleaños de Selena y domingo de Pascua, sería el Día de Selena en Texas. Esa noche admiradores de Selena asistieron a la misa en el JohnnyLand in Corpus Christi, llamado así en honor a Johnny Canales

been doing a brisk business with the performer's works on the black market. In fact, on April 10 alone, law enforcement agents confiscated more than thirty thousand allegedly counterfeit cassettes, including thousands by Selena, at a factory and other sites near Mesquite, Texas. Such raids are apparently conducted on a regular basis, which means sales of Selena's recordings really surpass official tallies. On April 10, EMI Latin began shipping five hundred thousand units of Selena recordings to stores to meet the demand. Ironically, 80 percent of the retailers who were requesting—or begging for—Selena tapes and CDs had not carried the singer before her death.

All across the nation, Selena's relatives, friends and fans are doing their utmost to ensure that the light that was Selena never flickers, never wanes, but glows brighter. Weeks after the Tejano

que acompañó a Selena en el camino al éxito. Ese día, la familia Quintanilla y la EMI Latina iniciaron los planes para una fundación de estudios superiores en honor a Selena.

Después de su muerte, los álbumes de Selena se venden cada vez más, así como también aumentó su presencia en el *Billboard* de la música latina. Las casas de música han estado vendiendo las grabaciones y los discos compactos de Selena tan rápidamente que casi no pasan por los estantes donde se exhiben. Desafortunadamente, el mercado negro está haciendo un rápido negocio con el trabajo de la artista. Es un hecho, que el 10 de abril en una fábrica cerca de Mesquite, Texas, agentes de la ley confiscaron más de treinta mil grabaciones piratas, incluídas miles de Selena. Estas redadas son aparentemente muy comunes—y a pesar de todo las ventas de las grabaciones de Selena sobrepasan las

Live ...

Vive ...

SUNG PARK/SYGMA

music star died, the association Casa de Música Guadalupe in Laredo, Texas, submitted an application with the U.S. Postal Service to have Selena's image printed on a postage stamp. If the application is accepted, Selena will become the first Latina in the history of the United States to appear on a U.S. postage stamp.

Just as Graceland, the Memphis home of Elvis Presley, was transformed into a shrine to the late singer and each year attracts droves of fans to its gates, so Corpus Christi is fast becoming a mecca for Selena fans. Already it is hard to drive through Corpus without feeling that this is Selena's town. There are shrines to Selena everywhere. Everybody talks about Selena. Several Tejano musicians, such as the Mexican American band Oxygen, who have their center of operations in other Texas towns, have even decided to move to Corpus Christi to be near the Quintanilla family, to make music in the name of Selena, to keep her hope and her dream alive.

Her Dinos have begun planning ap-

CELENE RENO/SYGMA

Forever!
___
Para Siempre!

tablas oficiales. En el 10 de abril, la EMI Latina comenzó a mandar a los locales de venta unos quinientas mil unidades de grabaciones de Selena para satisfacer la gran demanda. Irónicamente, 80 por ciento de los comerciantes que pidieron las grabaciones y discos compactos de Selena no los tenían antes de su muerte.

En todo el país, los parientes, amigos y admiradores de Selena han hecho lo imposible para que la luz de Selena nunca se debilite ni se apague y para que su imagen brille cada vez más. Semanas después del fallecimiento de la estrella de la música tejana, los asociados de la Casa de Música Guadalupe en Laredo, Texas, entregaron una solicitud a la

pearances all across the United States, from New York to Miami and Los Angeles and down to Mexico and Venezuela. The band, including Selena's husband Chris, plans to perform live with Selena's voice and songs mixed in with their own before what will surely be sell-out crowds. It is their final homage to Selena, a living tribute to an immortal star who shines brighter than ever.

Deep in the hearts all of her fans, there is a song Selena never sang:

Selena, you're in our hearts forever!

♥

Selena, you're in our hearts forever!

¡Selena, estás en nuestros corazones para siempre!

SUNG PARK/SYGMA

compañía postal de los Estados Unidos pidiendo la emisión de una estampilla con la imagen de Selena. Si la aplicación es aceptada, Selena será la primera latina en la historia de los Estados Unidos que aparecerá en una estampilla.

Así como Graceland, en Memphis, donde el hogar de Elvis Presley se transformó en un lugar de devoción al cantante que cada año atrae a miles de admiradores, Corpus Christi se está convirtiendo en la meta de los admiradores de Selena. Ya se hace difícil transitar por Corpus Christi sin sentir que es la ciudad de Selena. Algunos músicos tejanos que tenían sus centros de operaciones en otras ciudades de Texas, como la banda mexicanoamericana Oxígeno, han decidido mudarse a Corpus Christi para estar cerca de la familia Quintanilla y para componer música que mantenga vivos los deseos y los sueños de Selena.

Los Dinos han comenzado a planear apariciones a través de los Estados Unidos, desde Nueva York a Miami, y desde Los Angeles hasta México y Venezuela. La banda, incluyendo a Chris Pérez, planea una presentación en vivo usando la voz de Selena y entremezclando sus canciones con las de ellos ante una multitud que seguramente arrasará con todo. Es el último home-

naje a Selena, un tributo a la vida de una estrella inmortal que resplandece ahora más brillante que nunca.

En el fondo de los corazones de todos sus admiradores, existe un verso que Selena nunca cantó:

¡Selena, tú vives para siempre en nuestros corazones! ♥